ÉTUDE PRATIQUE

SUR

L'ORDRE AMIABLE

PAR

M. VANIER

JUGE AU TRIBUNAL CIVIL DE CHERBOURG.

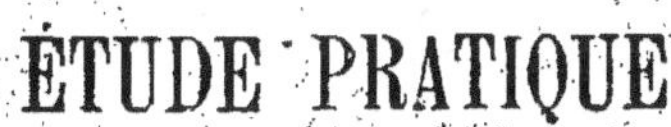

PARIS

AUGUSTE DURAND, ÉDITEUR

RUE DES GRÈS, 5.

1864

ÉTUDE PRATIQUE

SUR L'ORDRE AMIABLE.

ÉTUDE PRATIQUE

SUR

L'ORDRE AMIABLE

PAR

M. VANIER

JUGE AU TRIBUNAL CIVIL DE CHERBOURG.

PARIS

AUGUSTE DURAND, ÉDITEUR

RUE DES GRÈS, 5.

—

1864

ÉTUDE PRATIQUE

SUR

L'ORDRE AMIABLE

1.—Cinq années se sont écoulées depuis la pro- N° 1.
mulgation de la loi du 21 mars 1858 qui a introduit
dans la procédure d'ordre le règlement amiable.
Après les hésitations et les tâtonnements inséparables
de toute innovation législative et que le laconisme
du texte avait encore augmentés pour le règlement
amiable, les répugnances des premiers temps ont
cédé, l'ordre amiable est devenu, les statistiques judiciaires le constatent, la règle générale. D'excellents
esprits, dans des travaux consacrés à la procédure
d'ordre, se sont occupés incidemment de l'ordre
amiable : il ne nous a pas paru inutile de réunir,
dans une étude spéciale, les observations qu'une
pratique de cinq années nous a suggérées sur ce
sujet.

DISTRIBUTION D'UN PRIX D'IMMEUBLE GREVÉ D'INSCRIPTIONS
HYPOTHÉCAIRES.

2.—Un immeuble grevé d'hypothèques a été vendu
N° 2. en justice par voie d'expropriation ou de licitation,
ou volontairement : la distribution du prix de cet
immeuble suppose la présence de trois espèces d'intéressés : le vendeur ou saisi, propriétaire du prix ;
l'adjudicataire ou acquéreur qui en est débiteur ;
enfin, des créanciers hypothécaires ou privilégiés qui
ont un certain droit sur ce prix ou tout au moins
dont les inscriptions sont une menace dont le nouveau
propriétaire doit être délivré. Comment sauvegarder
ce triple droit, assurer le payement dans l'ordre de
préférence et nettoyer l'immeuble de toute inscription ?

Trois moyens sont possibles :

1° Le vendeur ou saisi, l'acquéreur ou adjudicataire, les créanciers inscrits peuvent s'entendre pour
attribuer le prix de l'immeuble aux créanciers suivant leur rang hypothécaire. Les créanciers attribu-
taires touchent le prix ou reçoivent une délégation,
les autres donnent mainlevée. Dès lors, l'acquéreur
qui a pris soin, par la transcription et par la purge
légale, de se mettre à l'abri contre des inscriptions
ultérieures, est désormais affranchi de tout droit
hypothécaire ou privilégié. Tel est l'ordre consensuel.

2° L'acquéreur ou l'adjudicataire, le vendeur, les
créanciers hypothécaires peuvent s'adresser à un

juge du tribunal civil investi d'attributions spéciales N° 2. ou nommé pour ce par le président du tribunal. Sur la réquisition qui lui est faite, ce magistrat convoque devant lui les créanciers inscrits et les engage à s'entendre sur la distribution du prix. Si l'accord a lieu, le magistrat le constate, donne à ceux qui sont reconnus avoir droit au prix un bordereau exécutoire sur l'acquéreur, et ordonne la radiation des autres inscriptions.

Tel est le règlement amiable.

3° Si la tentative de règlement amiable a échoué, si les créanciers n'ont pu s'entendre pour se distribuer le prix de l'immeuble, le juge déclare ouverte une procédure spéciale appelée plus particulièrement *ordre*. Un huissier commis fait sommation aux créanciers inscrits de produire leur demande au greffe du tribunal sous peine de déchéance radicale. Les avoués, mandataires nécessaires des parties, déposent au greffe leurs demandes et les pièces à l'appui. Le juge commissaire fait entre les créanciers produisants une distribution provisoire qui peut être revisée par le tribunal. L'ordonnance provisoire se transforme, après un certain délai, en ordonnance définitive qui règle définitivement, comme son nom l'indique, le droit des créanciers relativement aux sommes en distribution. Ceux qui viennent en ordre utile reçoivent un bordereau exécutoire sur l'acquéreur. Le juge commissaire ordonne la radiation des autres inscriptions.

Tel est l'ordre judiciaire.

N° 3.   Reprenons successivement ces différentes manières de distribuer le prix d'un immeuble.

3. — L'ordre, disons-nous, est consensuel quand tout le monde est d'accord : le propriétaire du prix pour accorder la délégation à ses créanciers ; ces créanciers pour régler l'ordre de préférence ; l'acquéreur pour payer son prix aux créanciers indiqués. Mais, dans ce cas, le règlement ne constitue pas à proprement parler d'acte particulier. Il y a un créancier de prix de vente qui délègue ce prix, des créanciers hypothécaires qui reçoivent une délégation aux fins de payement ou bien qui donnent mainlevée de leur inscription, un acquéreur qui accepte une délégation. Ajoutons même que le consentement de ce dernier est inutile : il peut être contraint à payer à la condition d'une signification de l'acte de délégation (art. 1690 C. N.), et de la représentation des mainlevées données par les créanciers non délégataires.

L'ordre consensuel possible, quand le prix est suffisant pour désintéresser tous les créanciers, devient très-difficile quand une partie ne vient pas en ordre utile. En effet, les créanciers non colloqués refuseront presque toujours de donner une mainlevée qui faciliterait les affaires d'un débiteur dont ils ont à se plaindre et, s'il y a parmi eux des incapables, la jurisprudence refuse à leurs représentants le droit de donner mainlevée des inscriptions, c'est-à-dire de faire un acte purement gratuit, purement de complaisance, qui ne peut jamais être utile à l'incapable et N° 3. qui peut compromettre ses intérêts.

Ajoutons que, s'il y a des incapables parmi les créanciers colloqués, l'adjudicataire ou l'acquéreur auront à examiner si ces incapables auront été suffisamment représentés, s'ils ont été colloqués pour la totalité de leurs créances ; si, pour éviter des difficultés, le tuteur, le mari n'ont pas sans qualité consenti à des sacrifices : s'ils paient malgré les irrégularités de l'ordre consensuel, c'est à leurs risques et périls et les incapables peuvent toujours revenir sur un acte qui leur cause préjudice. On conçoit facilement que les acquéreurs paralyseront de tout leur pouvoir un ordre consensuel qui n'offre pour eux aucune garantie et réclameront une liquidation définitive, irrévocable pour l'immeuble dont ils ont acquis la propriété.

4. — L'ordre consensuel purement facultatif n'a pas été tenté ou l'a été en vain ; une procédure spéciale est offerte par la loi à tout intéressé pour provoquer la distribution du prix de l'immeuble : là commence l'intervention du magistrat.

L'ordre amiable est l'ordre réglé par le juge-commissaire avec le consentement de tous les créanciers.

L'ordre amiable, a-t-on dit, n'est autre chose qu'un ordre consensuel reçu par un magistrat, au lieu de l'être par un notaire.

De là, plusieurs conséquences :

N° 4.   1° La question de capacité se réglera par les mêmes principes dans l'ordre amiable que dans l'ordre consensuel. — Les incapables seront représentés de la même manière : on ne pourra donner mainlevée en leur nom qu'à la condition d'un payement intégral.

2° L'ordonnance du juge-commissaire constatant l'ordre consensuel, assimilée en tout à un acte conventionnel, pourra être attaquée par les mêmes parties, par les mêmes moyens, par les mêmes voies que l'ordre consensuel.—Par les mêmes parties ; par celles qui ont figuré à l'acte.—Par les mêmes moyens, c'est-à-dire par les moyens du droit commun pour faire tomber une convention (art. 1304-1314, C. Nap.). —Par les mêmes voies, c'est-à-dire par action directe et principale devant le tribunal du défendeur.

3° Le vendeur ou le saisi devront nécessairement être présents à l'ordre amiable et consentir. Il s'agit en effet de déléguer un prix qui leur appartient. Le juge n'a aucune qualité pour opérer cette délégation, ce dessaisissement : sans la présence et le consentement du saisi ou du vendeur, l'ordre amiable est donc impossible.

On a prétendu, en sens contraire, que l'ordre amiable était une phase de la procédure d'ordre judiciaire : les parties ne sont pas en présence d'un magistrat faisant les fonctions de notaire, elles sont devant un juge ; dès lors, tout doit se passer comme si l'ordre judiciaire était ouvert : les parties seront représentées exclusivement par les avoués ; les inca-

pables seront représentés et assistés comme dans N° 5.
une instance ordinaire : l'ordonnance du magistrat constatant l'ordre sera assimilée à l'ordonnance définitive de l'ordre judiciaire. — La présence du vendeur n'est pas nécessaire, l'ordonnance du magistrat opérant un transport judiciaire.

Nous verrons plus tard quel est celui de ces deux systèmes auquel il faut s'arrêter, nous réservant d'examiner s'il n'est pas possible de tenter une transaction.

Constatons maintenant seulement leur profonde opposition.

5.—Le règlement amiable n'a pas eu lieu. Tous les intéressés, vendeur ou saisi, acquéreur ou adjudicataire, créanciers inscrits, vont être mis en demeure par voie d'huissier : les uns de produire, les autres de contrôler les productions. Le juge-commissaire examine les productions faites au greffe par le ministère des avoués, et arrête une ordonnance provisoire. Cette ordonnance indique la masse à distribuer, le rang et le montant des créances. Tout le monde est encore mis à même, par une dénonciation, de prendre connaissance de l'ordonnance et de contredire, s'il y a lieu ; s'il y a des oppositions, le Tribunal statue. Enfin, une nouvelle ordonnance, rendue en conséquence du jugement intervenu ou de l'arrêt, s'il y a eu appel, règle définitivement la situation réciproque de toutes les parties. Cette ordonnance non frappée d'opposition dans la huitaine

N° 5. de la dénonciation (767 C. proc. civ.), a vis-à-vis de tous la force de la chose jugée.

Nous nous occuperons spécialement dans cette étude du règlement ou ordre amiable tel qu'il a été organisé par la loi du 21 mai 1858.

OUVERTURE DE L'ORDRE.

6. — Quel que soit l'acte translatif de propriété, le nouveau propriétaire a deux droits distincts : celui de se garantir contre le droit de suite des créanciers hypothécaires ou privilégiés ; celui de se libérer en payant son prix.

Le droit de se garantir contre le droit de suite s'exerce par la purge (art. 2181-2195 C. Nap.).

Le droit de se libérer malgré la présence de créanciers hypothécaires ou privilégiés, droit d'un exercice fort difficile avec l'ancienne procédure en consignation, a été soumis à des formalités très-simples par le nouvel article 777 du Code de proc. civile (Loi du 21 mai 1858).

7. — Le prix d'un immeuble a été versé à la caisse des dépôts et consignations conformément à cet art. 777, ou bien le nouveau propriétaire consent à en rester débiteur après s'être affranchi du droit de suite : un seul droit subsiste au profit des créanciers hypothécaires ou privilégiés, le droit de préférence. L'ordre est la procédure organisée par la loi

pour régler ce droit entre les différents créanciers N° 9.
et assigner à chacun d'eux la part qui lui revient
dans le prix de l'immeuble.

8. — L'ordre consensuel n'a pas été tenté ou l'a
été infructueusement, à qui appartient-il de provoquer la procédure d'ordre?

A tout intéressé, c'est-à-dire à l'ancien propriétaire, aux créanciers, à l'acquéreur s'il n'a pas con-
signé et si son contrat ne le lui défend pas. La
purge, en effet, dans ce cas, rend bien le prix exigible vis-à-vis des créanciers hypothécaires, mais
quand ces créanciers ne réclament pas un payement immédiat, l'acquéreur ne peut changer la position qu'il s'est faite en contractant.

Dans le cas d'expropriation, le saisissant a la
préférence pendant les huit jours qui suivent la
transcription du jugement (art. 750, § 2); après ce
délai, le plus diligent peut intervenir. En fait, pour
éviter des conflits regrettables, l'avoué qui voudra
poursuivre l'ordre après la huitaine, mettra officieu-
sement son confrère en demeure de prendre les
devants, s'il le juge convenable.

9. — Quelle est la marche à suivre pour faire
ouvrir l'ordre?

L'art. 750 l'indique ainsi : « Le saisissant, dans
« la huitaine après la transcription et à son défaut
« après ce délai, le créancier le plus diligent, la
« partie saisie ou l'adjudicataire, » — ajoutons

N° 10. l'acquéreur, si son prix est exigible, — « dépose au « greffe l'état des inscriptions, requiert l'ouverture « du procès-verbal d'ordre, et, s'il y a lieu, la no-« mination d'un juge-commissaire. »

Ici l'intervention d'un avoué est nécessaire. Nous verrons plus tard si cette intervention doit se continuer toujours ; ce qui est certain, c'est que le premier acte de la procédure d'ordre suppose nécessairement un avoué. Il y a un dépôt au greffe, une réquisition d'ouverture d'ordre : ce sont bien là deux actes de postulation qui sont réservés aux avoués.

10. — Quel est le tribunal compétent pour l'ouverture d'un ordre?

Une loi du 14 novembre 1808 paraît attribuer une compétence exclusive au tribunal de la situation des biens. L'art. 2210 C. Nap. avait posé en règle que la vente forcée des biens situés dans des arrondissements différents ne pouvait être provoquée que successivement. La loi du 14 novembre 1808 prévoit le cas où la fortune immobilière du débiteur est absorbée entièrement par des créances révélées à l'état hypothécaire. Pour ce cas, et dans l'intérêt du débiteur comme des créanciers, elle autorise la saisie simultanée de tous les immeubles ; mais elle ajoute que, malgré cette saisie simultanée, « les pro-« cédures relatives à *l'expropriation forcée, à la dis-« tribution du prix des immeubles*, doivent être por-« tées devant les tribunaux respectifs de la situation « des biens. »

C'est bien là la consécration d'un principe gé- N° 11.
néral de compétence attribuant au tribunal de la
situation la vente d'un immeuble et la distribution
du prix aux créanciers hypothécaires.

Ce principe repose sur ces idées fort raisonnables :
c'est d'abord qu'un immeuble est vendu dans de
meilleures conditions là où il est situé, et d'un
autre côté, c'est que le créancier, en s'assurant d'un
gage, doit compter, pour toutes les questions relatives à la liquidation de ce gage, sur un tribunal
déterminé qui ne peut être que le tribunal de la
situation.

La compétence de ce tribunal en matière d'ordre
est-elle absolue ? On a fait quelques exceptions.

11.—1° Quand les biens, quoique situés dans des arrondissements différents, font partie d'une seule exploitation, la saisie est simultanée (art. 2210 C. N.),
la vente portée devant le tribunal du chef-lieu de
l'exploitation. L'ordre peut être considéré dans ce cas
comme un accessoire de l'adjudication. L'adjudicataire doit mettre son prix en distribution là où il a
acheté. Le voisinage nécessaire des arrondissements
ne causera pas un grand déplacement au créancier
à hypothèque spéciale.

2° Faut-il admettre en cas de succession et de
faillite, une seconde exception ?

Ce point est vivement controversé. On a prétendu
que, dans ces cas, l'article 59 Code de procédure civile
créait une compétence spéciale et exclusive au lieu

N° 11. de l'ouverture de la succession ou de la faillite. C'est, en effet, a-t-on dit, le seul moyen de faire marcher avec ensemble et rapidité la liquidation générale d'une fortune immobilière, liquidation nécessaire en cas de succession obérée ou en cas de faillite : c'est le seul moyen d'éviter la lutte entre les hypothèques générales et spéciales, la contrariété des décisions rendues par des tribunaux différents saisis simultanément des mêmes questions. Néanmoins, la Cour de cassation, après quelques hésitations, a formellement jugé par arrêt du 28 février 1842 (1), que la compétence du tribunal de la situation fondée sur le caractère réel du droit hypothécaire était absolue, qu'il y avait droit acquis aux créanciers, droit auquel, dit l'arrêt, *ne pouvait porter atteinte le décès du débiteur*, ajoutons, son état d'insolvabilité.

Sans doute, dans ces cas, d'après la jurisprudence, l'adjudication peut avoir lieu devant le tribunal qui ordonne la vente, c'est-à-dire devant un tribunal autre que celui de la situation. On a limité, en effet, au cas d'expropriation forcée, l'article 4 de la loi du 14 novembre 1808, qui veut que le tribunal de la situation soit le tribunal de l'adjudication. Mais, si la vente peut avoir lieu dans des conditions plus favorables, dans tel ou tel endroit, les créanciers hypothécaires n'en ont pas moins le droit de réclamer l'ouverture de l'ordre devant le tribunal de la

(1) S. 1842. 1. 721.

situation, tribunal qui peut être fort éloigné de celui N° 11.
de la vente.

3° Faut-il admettre en cas de connexité une nouvelle exception?

Nous le ferons volontiers, pourvu que les mêmes créanciers produisent dans différents ordres pour les mêmes créances: il y a en effet à éviter des décisions contradictoires. Et, d'un autre côté, la juridiction appelée à statuer est toujours une des juridictions choisies par le créancier.

Mais si un créancier n'ayant qu'une seule hypothèque réclamait la poursuite de l'ordre devant le tribunal du lieu où se trouve l'immeuble hypothéqué à sa créance, on ne pouvait lui opposer une connexité d'intérêts et de droits qui n'existe pas pour lui. Il faudrait nécessairement faire droit à sa demande (1).

4° La compétence réelle en matière d'ordre est-elle absolue, les parties sont-elles libres d'y renoncer?

La compétence en matière d'ordre n'est pas la compétence *ratione materiæ* dont parle l'article 170, Code de Procédure civile, et qui tient aux attributions relatives des diverses juridictions. Les parties peuvent renoncer à une exception d'intérêt privé; un tribunal de première instance est toujours valablement saisi d'une procédure d'ordre, et le juge

____

(1) *Sic.*, Cass. 1er octobre 1825, Sir., 26. 1. 87; Caen, 23 janv. 1860, Sir. 1860. 2. 295.

N° 12. commis aux ordres pourra toujours valablement constater l'accord des créanciers relativement à la distribution d'un prix d'immeuble. L'ordonnance de radiation devrait être exécutée dans toutes les conservations.

Seulement, comme au début de la procédure les parties appelées ont toujours le droit d'exciper d'une incompétence personnelle, comme d'un autre côté le juge-commissaire ne pourrait prononcer d'amende contre le défaillant, quand ce défaillant aura été incompétemment appelé devant lui, il sera toujours préférable de faire ouvrir l'ordre devant le tribunal de la situation, pour ne pas s'exposer à des frais inutiles, ou du moins il faudra préalablement s'assurer du consentement de tous les intéressés.

12. — La première chose que doit faire l'avoué choisi pour poursuivre l'ordre, c'est *de déposer au greffe l'état des inscriptions* (art. 750, Code proc. civ.).

De quel état s'agit-il?

De l'état appelé, dans la pratique, état sur transcription délivré lors de la transcription de l'acte translatif.

La transcription ayant pour effet d'arrêter la faculté d'inscrire (loi du 23 mars 1855, art. 6), fixe définitivement l'état hypothécaire pour les hypothèques et priviléges sujets à l'inscription. C'est cet état que l'acquéreur a intérêt à connaître, c'est celui qui lui est révélé par le relevé des inscriptions existant à ce moment.

Mais cet état peut être modifié dans une certaine N° 12. mesure. Les créanciers hypothécaires ont le droit même en cas d'expropriation d'élire un nouveau domicile (art. 2152 C. Nap.); dès lors les sommations relatives à la procédure d'ordre doivent parvenir à ce nouveau domicile. Ils ont pu consentir un transport, un payement avec subrogation, et le nouveau créancier aura fait mentionner l'opération en marge de l'inscription première ou pris une inscription nouvelle. Le bénéficiaire d'une inscription étant décédé, ses héritiers ont pu renouveler l'inscription à leur profit et faire une nouvelle élection de domicile. Enfin, des créanciers dont le droit de préférence n'est pas éteint par le jugement d'adjudication ou par la transcription (art. 707 Code de procédure civ.; 2109 C. Nap.), ont pu prendre inscription. Ne faut-il pas dès lors que ces diverses modifications soient révélées à la procédure d'ordre? De là, a-t-on pensé, un nouvel état délivré au moment de l'ouverture qui comprend toutes les modifications survenues.

C'est là une précaution que le juge-commissaire peut conseiller à celui qui requiert l'ouverture de l'ordre, car il y a des responsabilités en jeu; nous allons tout à l'heure indiquer leur étendue; mais nous ne pensons pas que ce soit une pièce nécessaire de la procédure d'ordre. En effet, cet état peut encore être incomplet, il peut être modifié utilement pour plusieurs créanciers jusqu'à l'ordonnance définitive qui attribue le prix de l'immeuble, et on ne peut pas pourtant ce jour-là même aller requérir un nouvel état ; non,

N° 13. un seul état est requis, c'est celui sur transcription.

Maintenant quand une modification survient, à qui de la faire connaître? Cela dépend.

Quand les créanciers sont prévenus de l'ouverture de l'ordre, soit parce qu'ils ont été appelés à la procédure en expropriation, soit parce qu'ils ont reçu la notification du contrat, soit enfin parce que, créanciers dispensés d'inscription, ils ont été avertis par le jugement d'adjudication, ils savent qu'ils ont un droit acquis, que leur gage doit être liquidé, c'est à eux à révéler au poursuivant la position nouvelle qu'ils ont prise; mais jusqu'à ce moment, jusqu'à l'offre faite aux créanciers, c'est à l'acquéreur à prendre ses précautions et à voir s'il ne laissera pas de côté quelque créancier, auquel son offre doit parvenir.

Quand un acquéreur a laissé écouler quelque temps sans notifier et sans ouvrir l'ordre, il fera donc sagement de délivrer un état comprenant les modifications survenues depuis la transcription : on a proposé de faire reviser seulement l'ancien état : ce mode peut présenter une plus grande célérité, mais il ne change rien aux frais.

13. — Quelles inscriptions l'état délivré pour l'ouverture de l'ordre doit-il comprendre?

Le jugement d'adjudication au cas d'expropriation forcée, les notifications au cas de vente volontaire, ont pour effet de transférer le droit hypothécaire sur le prix de l'immeuble, et par conséquent,

ainsi que le décide la jurisprudence, de dispenser ^{N° 13.}
l'inscription du renouvellement décennal.

L'état devra donc comprendre : en cas d'expropriation :

Les inscriptions existant depuis dix ans avant le jugement d'adjudication.

En cas de vente volontaire :

Les inscriptions existant au moment de la transcription, renouvelées dix ans avant les notifications.

Suivant les cas, l'avoué poursuivant devra requérir un état complémentaire comprenant :

Les modifications survenues à l'état hypothécaire depuis la délivrance de l'état sur transcription, changement de domicile, subrogations, nouvelles inscriptions utilement prises pour conserver le droit de préférence, les priviléges de vendeur ou de copartageant qui ont pu s'inscrire après la transcription.

On a pensé qu'il devait comprendre les inscriptions depuis trente ans, parce que les inscriptions renouvelées pouvaient présenter des nullités qui n'auraient pas été reproduites dans les inscriptions ultérieures, nullités que les créanciers auraient intérêt à connaître. — Pourquoi alors exiger seulement les inscriptions depuis trente ans ? La nullité d'une première inscription n'entraîne-t-elle pas le rejet du rang hypothécaire jusqu'au jour de l'inscription renouvelée et complétée ? Dès lors, ne devrait-on pas exiger que l'état comprît toutes les inscriptions primitives ?

N° 14. Évidemment, il y aurait là exagération : l'inscription décennale qui mentionne qu'elle a été prise en renouvellement d'inscriptions antérieures est un titre suffisant ; il y a présomption que l'inscription nouvelle est conforme aux précédentes ; si un créancier intéressé a quelques doutes à cet égard, il lui est loisible de faire la vérification sans qu'il y ait lieu de grever les transmissions d'immeubles de frais qui peuvent être considérables.

14. — L'état hypothécaire peut-il être pris individuellement sur un des précédents propriétaires?

Examinons d'abord si l'état sur transcription peut être délivré ainsi, et nous verrons ensuite si le juge-commissaire peut refuser d'ouvrir l'ordre sur un état qu'il juge insuffisant.

Les obligations des conservateurs, relativement aux réquisitions qui leur sont faites, sont tracées par l'article 2296 C. Nap. « Les conservateurs sont tenus de « délivrer à tous ceux qui le requièrent copie des « actes transcrits sur leurs registres et celle des « inscriptions subsistantes ou certificat qu'il n'en « existe aucune. »

L'organisation des conservations et de notre système hypothécaire est fondée sur la publicité par les noms des propriétaires. — Quand on demande l'état de toutes les inscriptions sur telle personne, aucun doute, le conservateur doit délivrer toutes les inscriptions prises contre cette personne. On peut demander copie d'une inscription déterminée ou

des inscriptions prises depuis telle époque jusqu'à N° 14.
telle époque sur telle personne. Cette limitation
n'impose aucune gêne au conservateur, et on
rentre textuellement dans les termes de l'art. 2196.
Aussi, une circulaire ministérielle du 28 mai 1822
a-t-elle engagé les conservateurs à n'élever aucune
difficulté aux parties qui réduiraient ainsi leur
demande, et la loi du 23 mars 1855 (art. 5), appli-
quant cette règle, décide qu'on peut requérir la copie
d'un acte de transcription déterminé.

Mais on est allé plus loin, on a demandé aux conservateurs la copie de *toutes* les inscriptions grevant
un immeuble *déterminé* aux fins de les faire disparaître par la purge. C'était sortir des termes de
l'art. 2196, imposer aux conservateurs une tâche
plus difficile. Ils n'avaient plus à examiner si le nom
porté dans l'inscription était celui porté dans la réquisition qu'on leur adressait, ils avaient à examiner
si l'immeuble vendu par l'acte qu'on leur repré-
sentait était le même que celui frappé par l'inscription. Néanmoins, dans l'intérêt du crédit public et
pour faciliter les transactions, l'administration a
engagé les conservateurs à délivrer des états dits
sur transcription, comprenant les inscriptions grevant les immeubles déterminés soumis à la transcription. Le conservateur n'a plus eu à examiner
seulement la concordance de deux noms, il a eu à
constater l'identité de deux désignations immobilières, en un mot, il a pris la responsabilité d'un
examen qui, d'après les principes purs, devait appartenir au nouvel acquéreur.

N° 14.   On ne s'est pas contenté de cette position si favorable faite au nouveau propriétaire, on a voulu lui donner le droit de requérir *un état sur transcription limité* à tel ou tel propriétaire, à telle ou telle époque. Les conservateurs se sont refusés à délivrer de pareils actes. Ils ont dit : dans un intérêt public nous consentons à donner un état hypothécaire qui puisse servir à une liquidation complète de l'immeuble : c'est là le but de l'état sur transcription. Mais pour cela il faut qu'il soit complet. Il faut qu'il soit relatif à tous les propriétaires qui ont possédé l'immeuble dans les dernières années. S'il en était autrement, l'intitulé de l'état serait un mensonge, souvent une fraude destinée à tromper les tiers. Dans ce cas, nous ne voulons, pour sauvegarder notre propre responsabilité et dans l'intérêt des tiers, ne délivrer que *des états sur des individus*. La Cour de cassation, par un arrêt du 26 juillet 1859, S. 1859-1-641, a rejeté cette prétention. La responsabilité du conservateur est toujours à couvert, a-t-elle dit, par la réquisition écrite qui lui est faite et qu'il peut transcrire en tête de l'état. Quant à l'intérêt des tiers, créanciers hypothécaires de l'immeuble, il n'est pas en jeu, parce qu'une purge incomplète ne peut leur être opposée ; leur droit de suite survit. Quant au vendeur, c'est lui-même qui fait la réquisition : il sait ce qu'il veut, il connaît les inconvénients d'un état incomplet ; s'il veut économiser, non pour lui, mais pour le vendeur quelques frais d'inscription, il en est libre.

Il y aurait peut-être à répondre que la loi, en N° 15.
organisant le système de purge, suppose une purge
complète et définitive qui ne peut avoir de base que
dans un état complet ; quant à l'intérêt invoqué de
l'acquéreur, il serait si mal entendu qu'on est obligé
d'y voir là un tout autre intérêt. Mais l'arrêt de cassation est radical, il est généralement approuvé, il
y a tout lieu de croire qu'il fera jurisprudence.

Le juge-commissaire auquel on présentera un état
qu'il pourra croire incomplet, sera donc obligé de
l'accepter tel qu'il est et de le prendre pour point de
départ de la procédure qui va s'ouvrir. Seulement,
il pourra avertir l'acquéreur des conséquences auxquelles il s'expose.

15.—Mais devrait-il, pourrait-il exiger, en cas de
vente volontaire, qu'on lui déposât les procès-ver-
baux de notifications aux fins de purge. Tant que le
prix n'a pas été accepté par les créanciers soit par
un consentement formel, soit par le silence gardé
pendant quarante jours après les notifications, il n'a
rien de définitif à leur égard. Le juge-commissaire
qui peut exiger sous peine d'amende que les créanciers comparaissent devant lui, ne doit ordonner cette
comparution que quand l'acquéreur a rempli vis-à-
vis de ceux-ci toutes ses obligations. Avant d'être appelés à l'ordre, les créanciers doivent être mis à même
d'exercer leur droit de surenchérir (art. 772, C. proc.
civ.).

16. — L'acquéreur ou le créancier qui fait ouvrir l'ordre, doit-il également déposer les pièces de purge légale? C'est bien ce que semble indiquer l'article 772, C. pr. civile (Loi du 21 mai 1858). « Dans « tous les cas, l'ordre n'est ouvert qu'après l'ac- « complissement des formalités pour la purge des « hypothèques..... Les créanciers à hypothèque lé- « gale qui n'ont pas fait, etc..... »

Il s'agit donc bien, dans le sens impératif de la loi, de la purge des hypothèques légales aussi bien que de la purge des hypothèques ordinaires. La loi paraît vouloir que tous les intéressés soient présents à cette liquidation de l'immeuble.

Il est certain que, d'après l'art. 2193, Code Nap., la purge des hypothèques légales était facultative. « Pourront les acquéreurs d'immeubles, etc. » D'un autre côté, la jurisprudence, ainsi que nous venons de le voir plus haut, ne paraît pas considérer la purge comme un acte indivisible, comme une liquidation générale de l'immeuble, mais plutôt comme un acte tout relatif à un créancier déterminé, comme un moyen d'étendre le droit de suite vis-à-vis de ce créancier. On ne comprendrait pas, dans ce système, pourquoi l'acquéreur serait obligé de purger une hypothèque légale dont il croit n'avoir rien à craindre.

La loi de 1858 a-t-elle modifié ces principes?

Telle paraît avoir été la pensée du Conseil d'État. En effet, la commission du Corps législatif fit observer « qu'en imposant au nouvel acquéreur l'obli-

« gation de purger les hypothèques légales, on lui N° 16.
« donnait le moyen de retarder indéfiniment l'ordre. »
En effet, comment les créanciers pouvaient-ils
procéder à cette purge? Le Conseil d'État ne tint
pas compte de cette observation. Un membre se
borna à dire « que le juge pourrait faire une
« appréciation des circonstances et imposer à l'ac-
« quéreur la nécessité de la purge ou l'en dis-
« penser. »

Ecartons tout d'abord cette opinion personnelle.
Le juge, en effet, n'est pas à même de connaître
les circonstances qui peuvent rendre la purge nécessaire : c'est faire peser sur lui une responsabilité
qui ne peut l'atteindre. Il faut dire ou que la purge
est obligatoire, ainsi que semble l'avoir pensé le
Conseil d'État; ou qu'elle est facultative, que le vendeur est libre de la faire ou de s'abstenir à ses
risques.

Mais, si elle est obligatoire, comment l'imposera-
t-on ? Sans doute, si l'acquéreur venait lui-même
demander l'ouverture de l'ordre, le juge pourrait se
refuser à l'ouvrir jusqu'à la production des pièces de
purge. Mais l'ancien propriétaire, les créanciers inscrits ont également le droit de faire poursuivre l'ordre.
Peut-on les repousser par la même fin de non-rece-
voir ? La jurisprudence a admis que la purge avait
un caractère purement relatif; qu'on pouvait purger
vis-à-vis des uns et non pas vis-à-vis des autres.
Pourquoi donc à ses risques et périls l'acquéreur
ne pourrait-il pas négliger les hypothèques légales ?

N° 18.   Si cependant les termes de l'art. 772 paraissaient trop formels, le poursuivant demanderait une seconde grosse de l'acte translatif, dans les formes indiquées par les articles 844, 854 Code de procédure civile? Sur cette pièce, on procéderait à l'accomplissement des formalités de purge légale et le coût en serait mis à la charge de l'acquéreur dans le prix en distribution. Ajoutons que, devant cette menace, le vendeur livrera toujours sa grosse lorsqu'il ne sera pas disposé à faire l'avance des frais de purge.

17. — Nous avons vu des exemples d'ordres poursuivis contre des acquéreurs qui avaient revendu les immeubles. Pour éviter cette erreur, qui peut entraîner la nullité de la procédure d'ordre, l'avoué poursuivant fera bien, dans les cas douteux, de prendre un certificat de non-transcription à la date de l'ouverture de l'ordre.

CONVOCATION DES CRÉANCIERS.

18. — Les pièces nécessaires à l'ouverture de l'ordre ayant été déposées au greffe, s'il y a un juge spécial nommé conformément à l'art. 749, ce juge prévenu par le greffier doit rendre une ordonnance de convocation, trois jours après qu'il en a été requis. (Art. 751 Code de proc.)

S'il n'y a pas de juge spécial, une ordonnance est

rendue par le président du tribunal, qui nomme N° 20.
un juge-commissaire ; celui-ci doit convoquer les
créanciers dans les huit jours de sa nomination.

Pourquoi trois jours dans un cas, huit jours
dans l'autre? Il est assez difficile, ainsi qu'on en
a fait la remarque, de saisir le motif de cette distinction.

19. — Le juge doit-il lui-même relever, sur les
états qui sont produits, le nom des personnes auxquelles les convocations seront adressées, ou faire
faire le relevé par le greffier? Sans doute, ce travail exige de l'attention, des connaissances, mais
les greffiers sont heureusement des auxiliaires de
la justice, bien capables d'une pareille tâche, et nous
pensons qu'elle rentre plus dans leurs attributions
que dans celles du juge. Aussi, la pratique et les
auteurs sont-ils unanimes pour leur laisser le soin
de ce dépouillement. Ce travail leur étant personnel,
une rémunération doit leur être attribuée. Sans doute,
ils touchent un traitement de l'État, mais ce traitement n'a pour but que de rétribuer le temps qu'ils
passent à assister le juge dans ses opérations, assistance qui n'est pas rémunérée par les parties.
Mais quand ils se livrent à un travail personnel, nul doute qu'il ne leur soit dû une rétribution.
La circulaire ministérielle la fixe à 0 fr. 20 c. par
lettre. Cette rémunération est insuffisante.

20. — La convocation est adressée d'abord à tous

N 20. les créanciers inscrits, à tous ceux qui figurent dans les inscriptions et dans les mentions de subrogation. Nous pensons que l'on doit appeler également les cautions et les co-débiteurs solidaires, dont le nom se trouve dans l'inscription. En effet, la créance hypothécaire a pu être remboursée par eux, et aux termes de l'art. 1251 Cod. Nap., ils sont subrogés de plein droit dans les priviléges et hypothèques qui appartiennent au créancier : ils peuvent à l'ordre réclamer le bénéfice de cette subrogation. Sans doute, ils ont eu tort de ne pas faire mentionner ce remboursement en marge de l'inscription, pour s'approprier cette inscription, et la simple déclaration du créancier qu'il a été payé entraînerait la radiation de l'hypothèque ; mais le droit n'en existe pas moins, et il est du devoir du juge-commissaire de de le mettre à même de s'exercer.

Des créanciers chirographaires ont fait opposition sur le prix, soit à la caisse des consignations, et alors le certificat mentionne cette opposition, soit entre les mains de l'acquéreur qui produit les oppositions au juge-commissaire. — Nous pensons qu'il est utile de les convoquer : non pas que leur présence à l'ordre amiable soit indispensable, mais on comprend que les consentements et les appropriations qui peuvent avoir lieu accessoirement à cet ordre (et nul doute que le juge-commissaire ne puisse les constater dans son procès-verbal) ; on comprend, disons-nous, que ces consentements et ces appropriations sont dans l'intérêt de tout le monde et peuvent éviter pour l'avenir des difficultés N° 21. et des frais inutiles.

L'adjudicataire, l'acquéreur, la partie saisie, le vendeur, doivent être également convoqués (art. 751 Proc. civ.). Nous verrons plus tard si leur absence ou leur opposition peut paralyser l'ordre amiable.

21. — « La convocation est faite par lettres char- « gées à la poste, expédiées par le greffier et adres- « sées tant aux domiciles élus par les créanciers « dans les inscriptions, qu'à leur domicile réel en « France.

« Les frais en sont avancés par le requérant. » (Art. 754, Code pr. civ.)

Une circulaire du directeur des postes du mois de juin 1858 donne un modèle de lettre de convocation et de bulletin de chargement. Elle indique le mode de présentation à l'employé des postes, de charge- ment, de remise au destinataire. Elle ordonne aussi que les lettres non parvenues soient retournées au juge-commissaire ; précaution excellente qui peut procurer d'utiles renseignements au magistrat et lui permet de prononcer en connaissance de cause l'amende de 25 fr. contre le créancier défaillant.

La lettre de convocation doit exprimer clairement son objet : elle préviendra les créanciers de se munir, lors de la réunion, de leurs titres de créance, le débiteur d'apporter ses titres de libération.

La personne chez laquelle le domicile est élu et qui reçoit une des deux lettres fera sagement, surtout lorsque cette élection a eu lieu de son consentement, de faire parvenir la lettre aux intéressés. Pareille obligation ne peut concerner le conservateur des hypothèques chez lequel les parties s'avisent quelquefois d'élire domicile.

22. — Quelle date doit être fixée pour la réunion?

« Le délai pour comparaître est de dix jours au moins, » dit l'art. 751.

C'est là un délai minimum que la loi a fixé pour que le créancier ne soit pas pris à l'improviste, pour qu'il puisse disposer de son temps le jour de la réunion et réunir les renseignements et les pièces nécessaires pour justifier sa créance et contrôler au besoin les réclamations des autres créanciers.

Mais la loi ne suppose pas que le délai sera nécessairement de dix jours. Il faut, en effet, tenir compte des occupations du juge-commissaire, du nombre des affaires et aussi, dans certains cas, de l'éloignement des parties, de la complication des intérêts en jeu. Le juge-commissaire pourra donc fixer un délai plus éloigné.

DE LA RÉUNION.

23. — Le jour fixé par l'ordonnance de convocation la réunion a lieu dans une des salles du tribunal. La

séance n'est pas publique : il ne s'agit pas en effet de No 24.
justice à rendre, de droit à faire (*jus dicere*) ; le magistrat préside une assemblée dont les différents
membres cherchent à s'entendre sur leurs droits
respectifs.

L'assistance du greffier est nécessaire : quoique le
rôle du magistrat soit éminemment un rôle de conci-
liateur, il n'en est pas moins magistrat tenant une
audience. D'ailleurs, obligé de suivre et de diriger une
discussion souvent confuse et souvent orageuse, il lui
serait impossible de prendre en même temps les notes
nécessaires à la rédaction du procès-verbal.

Nous pensons également qu'il pourrait requérir
l'assistance d'un huissier.

Les contraventions et délits qui se commettraient à
la réunion envers une personne présente ou envers le
magistrat lui-même, tomberaient sous l'application
des art. 88, 89, 90, 91, C. de proc. civ. et 222 C. pén.

24.— Bien que l'audience ne soit pas publique et
que les parties appelées doivent seules être introduites
dans la salle, nous pensons néanmoins que les créanciers omis dans l'état hypothécaire, ou ceux dont le
droit de préférence n'est pas perdu, les créanciers
chirographaires du vendeur et même ceux des créanciers hypothécaires devront être admis à intervenir.
Cette intervention évite en effet des frais, des complications ultérieures. D'ailleurs tout créancier a le droit
d'intervenir devant la justice quand un intérêt de
son débiteur est en cause (art. 1160 Code Nap.).

N° 26.   Seulement si la qualité des intervenants était méconnue par leur débiteur, ou si leur titre n'était pas authentique, le juge-commissaire se trouverait devant des étrangers, des inconnus, et ne pourrait admettre leur intervention, sauf à eux à faire valoir leurs droits par des actes d'opposition en forme.

25.— Le juge devra-t-il s'assurer de l'identité des comparants? Cette identité est très-vraisemblable, car le débiteur connaît les parties avec lesquelles il a traité, les créanciers connaissent eux-mêmes leurs propres créanciers et la possession des titres représentés ne laisse guère place à l'erreur. Cependant, des héritiers, des cessionnaires inconnus peuvent se présenter, les titres peuvent avoir été obtenus frauduleusement : nous ne pensons pas que le magistrat soit astreint aux précautions imposées en pareil cas aux notaires par la loi du 25 ventôse, art. 11. Il peut, en fait, demander aux comparants les justifications qu'il croira convenable; voilà tout.

26. —Les parties peuvent se faire représenter par des mandataires. Le rapport de la commission s'exprime nettement sur ce point : « Il nous a paru « inutile de dire que les parties peuvent être re- « présentées par des fondés de procuration ou assis- « tés de conseils. »

Mais si c'est un droit pour les parties de se faire représenter, elles ont la faculté de ne pas en user et de comparaître personnellement. On leur a refusé

cette faculté et on a prétendu que les avoués étaient N° 26.
à l'ordre amiable des intermédiaires forcés.

En effet, a-t-on dit, toutes les fois que des citoyens sistent en justice, toutes les fois qu'ils s'adressent à un magistrat d'un tribunal près lequel des avoués sont institués, ils doivent prendre leur intermédiaire ; et cela est vrai, non pas seulement quand il y a contestation sur le droit, procès, *lis*, mais encore pour les actes de juridiction gracieuse, requêtes, autorisations ; toutes les fois, en un mot, que la comparution personnelle n'est pas une nécessité ; or, en supposant même que l'ordre amiable soit autre chose qu'un incident de la procédure d'ordre, il faut reconnaître que les créanciers appelés devant un magistrat pour passer des consentements pour faire des réclamations, ne peuvent le faire que par l'intermédiaire des avoués, seuls capables de les représenter, de constater leur identité. C'est bien, en effet, ce que suppose la loi du 21 mai 1858, car l'art. 1658 qui indique comment les sommations de procédure se feront à l'ordre judiciaire, déclare qu'elles seront faites *aux avoués, s'il y en a de constitués*. Or, a-t-on dit, il ne s'agit que des avoués constitués à l'ordre amiable. Enfin, on a fait valoir des raisons tirées de la bonne administration de la justice et de la nécessité de confier à des mandataires capables les intérêts si majeurs engagés dans les ordres.

Nous ne pensons pas que ces raisons puissent prévaloir sur l'avis de la commission qui, en ex-

N° 26. primant l'idée que les créanciers *étaient libres de se faire représenter par des mandataires,* entendait bien leur réserver le droit de comparaître personnellement. Quant à l'argument tiré de l'art. 753, il n'a pas la portée qu'on lui donne. Cet article existait avant l'innovation des ordres amiables. Il suppose, au cas d'expropriation, des créanciers intervenus sur les poursuites et ayant constitué avoué, ou bien le poursuivant abandonnant la poursuite d'ordre, et dans ces cas, il déclare que les sommations de produire seront faites au domicile de l'avoué. Voilà tout. Sans doute, les intérêts engagés dans les ordres sont importants ; aussi a-t-on réservé aux parties le droit de se faire assister de conseils ; mais les obliger à se faire représenter et par conséquent à payer des mandataires pour des sommes sans importance, et quand ils n'ont aucune chance d'être payés, ne serait-ce pas aller contre le but de la loi ? Ajoutons que la présence des parties elles-mêmes qui n'exclut pas le ministère des avoués, mais qu'elle écarte en général, est très à désirer quand il s'agit, pour amener un arrangement, de se prononcer sur ces petites difficultés, que soulève toujours un ordre et que l'avoué ne voudrait pas trancher lui-même sur sa propre responsabilité (1).

Devrait-on distinguer le cas où il y a ordre

(1) Seligman, n° 172. — Chauveau, quest. 2550 *septies.* —Grosse et Rameau, n°° 207 et suiv.—Trib. Caen, 7 fév. 1859, *Rec.*, Caen, 81.

amiable et le cas où la tentative d'arrangement N° 27.
échoue? Jusqu'à l'ordre amiable, peut-on dire il
n'y a que des pourparlers, des conférences sans caractère, où les parties peuvent intervenir elles-mêmes.
Mais, quand l'accord se fait, toute réclamation doit
se régulariser, se formuler d'une manière légale.
Cette distinction que nous avons entendu propo-
ser, n'est ni dans l'esprit, ni dans le texte de la
loi. Elle suppose que les parties sont toujours mu-
nies d'un avoué, chargé d'intervenir en cas d'ordre
amiable et, à ce compte, celles qui renoncent, qui
ne viennent pas en ordre, devraient également passer leur renonciation par l'intermédiaire d'un avoué.
Cette conséquence seule prouve la bizarrerie de la
distinction.

27. — Les avoués ne sont donc pas des intermédiaires nécessaires et les parties peuvent comparaître
elles–mêmes; elles peuvent, par conséquent, choisir
leurs mandataires.

L'avoué qui assiste à un ordre amiable comme
représentant un créancier a-t-il, dans son titre
d'avoué, une qualité qui le dispense de produire
un mandat spécial? Cette question a été vivement
controversée. L'avoué, a–t–on dit, peut représenter
les parties toutes les fois qu'elles comparaissent
devant la justice; si ce n'est pas un droit exclusif
dans certains cas, au moins faut-il le reconnaître,
c'est toujours un droit (art. 94, L. 27 vent. an VIII),
et, dès lors, l'avoué n'a pas besoin d'un mandat

N° 27.   spécial. C'est ainsi que l'article 932, Code proc., dispose que si « parmi les mandataires (assistant « à un inventaire), se trouvent des avoués, ils « justifieront de leurs pouvoirs par *la représen- « tation du titre de leur partie*..... » Dès lors, la représentation des titres du créancier et de la lettre de convocation est une preuve suffisante que les avoués sont suffisamment autorisés à représenter les parties.

Nous admettons que les avoués sont des mandataires généraux pour tous les actes de procédure et d'assistance, mais il est des cas où la loi exige un mandat spécial, c'est quand l'acte compromet d'une manière particulière les intérêts des clients ; ainsi, les offres, aveu, consentements ne peuvent être faits, donnés ou acceptés sans un pouvoir spécial (article 352, C. pr. civ.). Il en est de même du désistement et de l'acquiescement (art. 402, même Code) ; or, le consentement à l'ordre amiable n'est-il pas un acte de nature toute particulière ; non pas un acte de procédure susceptible de tomber par le désaveu, mais un acte définitif, irrévocable pour lequel il faut évidemment une capacité spéciale ? Nous verrons plus tard que le véritable caractère du consentement donné à l'ordre amiable est un *acquiescement* et qu'à ce titre, il exige un pouvoir spécial pour l'avoué.

Quant à l'argument tiré l'art. 932, C. pr., il faut répondre que cet article traite une matière exceptionnelle et qu'il a pu, dans ce cas et pour des actes conservatoires, donner un pouvoir spécial aux N° 28. avoués (1).

Nous ne serions pas davantage porté à admettre une opinion intermédiaire qui pense que le juge-commissaire *pourrait trouver la preuve* du mandat conféré aux avoués dans la possession des titres et de la lettre de convocation. — Cette présomption ou plutôt cette preuve pourrait être invoquée au même titre par tout mandataire, et, à moins de constituer une inégalité blessante, le juge devrait l'admettre également. On conçoit quels dangers pourrait présenter une pareille procédure.

28. — Le mandat peut-il être sous-seing ? Non, dit-on, il s'agit de donner mainlevée d'une inscription hypothécaire et la jurisprudence veut, qu'en pareil cas, le mandat soit authentique comme tout ce qui se rattache à la constitution de l'hypothè-que (2).

Il ne s'agit pas d'une mainlevée, il s'agit de la comparution devant un magistrat et du consentement à un ordre amiable. La mainlevée, ou plutôt l'acte qui ordonne la radiation est l'œuvre du juge qui tire les conséquences légales d'un autre acte. Sans doute, ce premier acte conduit nécessairement à la radiation ; mais il est quelque chose de parfaitement distinct. Ajoutons que l'ordre amiable qui exige un

---

(1) Caen, 27 mars 1859; S., 59. 2. 200.—Cass., 16 nov. 1859 ; S., 59. 1. 889.

(2) *Table* Devill., v° *Insc. hypoth.*, n° 41.

N° 29. certain nombre de consentements, l'approbation du juge-commissaire n'a pas les mêmes dangers pour le créancier qu'une mainlevée ordinaire ; et que, dès lors, il n'y a pas lieu d'étendre une exigence de la jurisprudence que beaucoup d'auteurs ont déjà trouvée excessive. Dès lors, on reste dans les termes généraux de l'article 1985 Code Napoléon, qui autorisent la constitution du mandat par acte authentique, *par acte sous-seing privé, même par lettre* (1).

Il serait inutile d'ajouter que le mandat doit être enregistré si une circulaire de l'administration n'avait excepté de la règle que toute pièce produite en justice doit être soumise à l'enregistrement, certaines pièces produites dans la procédure d'ordre amiable. Les procurations ne peuvent tomber dans l'exception (2).

29. — Le mandat peut-il être limitatif ? Le mandataire, par exemple, pourrait-il être autorisé à consentir à l'ordre amiable dans le cas seulement où le mandant serait colloqué pour la totalité de sa créance ? On a pensé qu'un pareil mandat devait être rejeté. Il s'agit, en effet, a-t-on dit, d'un acte de conciliation. A quoi bon un mandat qui fait du mandataire un ennemi irrévocable, qui lui défend de reconnaître les droits les plus incontestables. D'ailleurs, cette

(1) Aix, 13 mars 1860. S. 60. 2. 165. *Sic.* Chauveau, *Proc. d'ordre,* quest. 2550. Ollivier et Mourlon, n° 282. Grosse et Rameau, 1. 215.

(2) Décis. minist. des finances et de la justice. 27 avril, 22 mai 1858.—29, 30 juillet 1859.—Sirey, 1859. 2. 571.

condition de payement obligatoire deviendrait de N°29*bis* style dans les mandats et paralyserait les efforts du juge-commissaire et la volonté du législateur.

Nous ne pensons pas néanmoins que le créancier qui se fait représenter par un mandataire armé d'une procuration semblable, puisse être condamné à l'amende pour défaut de comparution. Cette amende frappe le refus de se présenter..... en personne ou par mandataire ; elle n'atteint pas le refus de consentir à l'ordre. Nous verrons plus tard si ce refus peut entraîner pour le créancier une autre espèce de responsabilité.

29 *bis.* — Le mandataire général pour administrer peut-il se présenter à un ordre ?

La question peut être délicate, et plusieurs personnes pensent, en effet, que le consentement à l'ordre amiable est un acte d'administration: nous ne partageons pas cet avis. Le Conseil d'État a refusé d'admettre un amendement qui précisément avait pour but de faire passer ce principe dans la loi, et nous verrons plus tard que le consentement à l'ordre est plus qu'un acte d'administration. Le mandat pour administrer est donc insuffisant pour comparaître devant le juge-commissaire, puisqu'il ne renferme pas les pouvoirs suffisants pour l'acte en vue duquel cette comparution est ordonnée.

Mais si le pouvoir comprenait, ce qui arrive souvent, le pouvoir de se présenter à *tous ordres*, nous verrions là un titre suffisant pour consentir l'ordre

N° 30. amiable, cet ordre n'étant à proprement parler qu'un incident ou, si on veut, un préalable à la procédure d'ordre.

Le pouvoir doit-il être spécial à l'ordre ouvert ou à ouvrir sur un immeuble ou sur tels immeubles déterminés? Cela paraît résulter de l'art. 352 C. proc. civ., qui décide qu'*aucunes offres, aveu ou consentements ne peuvent être faits, dressés ou acceptés sans un pouvoir spécial.*

29 *ter.* — La procuration doit-elle être annexée au procès-verbal d'ordre? Il n'y a pas nécessité. On n'est pas devant un notaire. Lorsque les parties se font représenter devant la justice par un mandataire, il n'y a pas obligation de justifier ultérieurement de l'existence du mandat. Le juge constate suffisamment cette existence par son procès-verbal à l'égard des tiers. En cas de mandat sous seing-privé, ce sera toujours une sage précaution d'ordonner le dépôt et l'annexe de la procuration.

30.—Il arrive souvent que les créanciers désignés dans les inscriptions, sont décédés, et que leurs héritiers se présentent en leur nom. Dans ce cas, le juge-commissaire pourra les admettre si les autres parties y consentent: mais celles-ci seront toujours en droit de demander des justifications de la qualité d'héritier, soit des actes de notoriété, soit des certificats constatant que le créancier dont le nom figure dans l'inscription, est décédé, et qu'il n'a laissé pour héritiers que les réclamants : il en est ainsi dans N° 31. toute instance.

Un seul des héritiers ne pouvait représenter les autres à l'ordre amiable. Il ne s'agit pas ici d'un acte conservatoire pour lequel un héritier peut représenter ses co-héritiers; il n'y a pas davantage solidarité ou indivisibilité permettant à un seul créancier d'agir pour les autres. Seulement, si un seul des héritiers avait comparu, déclarant agir au nom des autres, ceux-ci, soit par lettres écrites au juge-commissaire annexées au procès-verbal, soit par une déclaration expresse passée sur ce procès-verbal, pourraient ratifier ce qui s'est fait en leur absence.

31. — Dans le cas où un individu se présenterait comme légataire, donataire, cessionnaire du créancier hypothécaire désigné dans l'inscription et dans les titres, il devrait justifier de l'acte qui l'investit personnellement de la créance.

Si c'est un légataire, il devrait justifier suivant les cas de l'envoi en possession ou de la délivrance consentie par les héritiers (art. 1006-1014, Code Nap.).

Si une caution ou un débiteur solidaire avaient désintéressé le créancier, ils pourraient obtenir collocation à sa place (art. 1251, Code Nap.), sur la présentation de la quittance; il ne serait pas nécessaire que cette quittance fût authentique, la loi n'ayant pas fait de l'authenticité une condition de la subrogation légale. Mais pour éviter l'abus possible d'un

N° 34. blanc-seing, le juge-commissaire pourra demander une lettre explicative au cédant.

32. — Dans le cas où une créance appartiendrait en usufruit à une personne, en nue propriété à une autre, le concours du nu propriétaire et de l'usufruitier à l'ordre amiable serait nécessaire : ils ont tous deux un droit parfaitement distinct et n'ont aucune qualité pour se représenter mutuellement.

33. — Les incapables comparaissent par leurs représentants naturels, les tuteurs et les curateurs ; nous verrons plus tard si ceux-ci ont qualité pour consentir l'ordre amiable.

34. — La femme mariée doit être autorisée par son mari.

Pour la femme séparée de biens et la femme dotale, quant à ses paraphernaux, on a pensé que cette autorisation était inutile, l'ordre amiable n'étant qu'un simple acte d'administration.

Sans prétendre que l'ordre amiable soit une véritable instance, nous pensons néanmoins qu'on est devant la justice ; aux termes de l'article 215 Code Napoléon, la femme doit être autorisée par son mari ; c'est ce qui a été décidé pour l'ordre judiciaire (1).

Mais dans le cas où le mari refuserait de compa-

(1) Cass., 21 avril 1828. — *Sic* Seligman, n° 212. — *Contra* Ollivier et Mourlon, n° 297.

raître ou d'autoriser, le juge-commissaire aurait-il N° 36.
le droit de donner l'autorisation et de compléter ainsi
la capacité de la femme ? Il a été décidé que l'autorisation d'ester en justice n'avait pas besoin d'être demandée par action principale (art. 861, Code proc.
civ.); qu'elle pouvait être accordée par tout juge
saisi de l'action, surtout lorsque la femme est dé-
fenderesse.

Nous verrons plus tard que le consentement à l'ordre amiable est un véritable acquiescement en justice.
Mais cet acquiescement est donné devant un juge
qui n'est pas saisi d'une action véritable, et nous
pensons que le caractère officieux de son intervention
ne lui donnerait pas le droit de suppléer l'autorisation maritale.

35.—Quant à la femme non séparée ou à la femme
dotale pour ses créances dotales, le mari seul maître
des actions mobilières, seul maître de la dot, a le droit
de représenter la femme en ce qui concerne ces actions et cette dot.

CARACTÈRES DE L'ORDRE AMIABLE.

36.—Les idées du législateur n'ont pas été très-ar-
rêtées sur le caractère à donner à l'ordre amiable : le
Conseil d'État, mis en demeure de s'expliquer à cet
égard par la commission du Corps législatif, ne ré-
pondit pas. (Rapport de M. Riché.) De là, chez les
auteurs et dans la jurisprudence, de grandes incerti-
tudes.

N° 36. Quelques personnes ont assimilé complétement la tentative de règlement amiable à l'essai de conciliation devant le juge de paix (art. 48 et suiv. du C. de proc. civ.) — D'autres n'ont vu là qu'un incident de l'ordre judiciaire.

Nous croyons qu'il faut dès l'abord écarter ces assimilations dans ce qu'elles ont d'absolu.

La conciliation devant le juge de paix suppose une contestation, un procès qui va naître, des personnes maîtresses de leurs droits, deux parties seulement en cause : rien de tout cela à l'ordre amiable.

D'un autre côté, encore bien que l'ouverture de l'ordre judiciaire précède jusqu'à un certain point la tentative d'ordre amiable (art. 750 C. proc. civ.), il est certain que le législateur a entendu faire de l'ordre amiable quelque chose de parfaitement distinct de l'ordre judiciaire. Cette intention résulte du soin que l'on a mis, dans les rapports au Corps législatif, dans la discussion, dans le texte de la loi, à distinguer le *règlement amiable de l'ordre ;* de la faculté laissée aux parties de se faire représenter à l'ordre amiable par toute espèce de mandataire, tandis que l'intervention des officiers ministériels est nécessaire à l'ordre judiciaire ; enfin, des termes de l'art. 752, qui veut que le juge-commissaire, *à défaut de règlement amiable dans le délai d'un mois..... ..... déclare l'ordre ouvert.*

Le règlement amiable étant dès lors quelque chose de distinct, un acte spécial, il faut, en l'absence de règles spéciales tracées par le législateur pour cet

acte, voir quel est l'acte de la vie judiciaire auquel N° 37.
on peut le rattacher.

37. — Là-dessus il s'est produit trois ou quatre systèmes.

Il faut distinguer, a dit une première opinion. Le caractère de l'acte est tout relatif et dépend du résultat. Si le créancier est remboursé complétement, c'est un acte de simple administration, la réception d'un capital mobilier. Dès lors, toute personne ayant capacité ou qualité au nom d'une autre pour recevoir un capital mobilier, pourra consentir un ordre amiable lorsqu'un payement intégral sera la conséquence de ce consentement. Mais si l'hypothèque ne vient pas en rang utile, ou si le remboursement n'est que partiel, il y a alors renonciation à un droit immobilier qui sort de la capacité d'un administrateur ordinaire.

Telle a bien été, ajoute-t-on dans ce système, la pensée du législateur.

En effet, la commission du Corps législatif avait désiré que le consentement à l'ordre amiable fût considéré comme un acte d'administration, et elle avait soumis un amendement en ce sens au Conseil d'État. Cet amendement a été repoussé sans qu'on donnât le motif du rejet: mais la commission du Corps législatif a tiré de ce silence la conséquence naturelle, à savoir, que les principes de l'ordre consensuel étaient applicables à l'ordre amiable.

« *Il sera,* dit M. Riché, considéré *comme l'ordre*

N° 37. « *reçu par un notaire.* » Dès lors il faut distinguer, comme la jurisprudence l'a fait pour l'ordre consensuel, le cas où les incapables sont colloqués et le cas où ils ne viennent pas en ordre utile. Dans le premier cas seul, l'ordre amiable est possible.

Dans un second système, on dit : L'ordre amiable est un acte spécial qui doit avoir ses règles propres, exiger une capacité particulière chez les parties, règle, capacité, qui ne peuvent dépendre d'une circonstance intrinsèque, du rang utile de telles ou telles créances. Il ne s'agit pas véritablement dans l'ordre amiable d'un acte d'administration ou de la réception d'un capital mobilier : administrer, c'est faire rendre à un capital, à une chose tous les produits utiles. Recevoir un capital, c'est toucher une somme liquide, exigible, dont le principal et les accessoires sont parfaitement déterminés : une créance hypothécaire, en cas de déconfiture du débiteur, n'en est presque jamais là. D'un autre côté, la renonciation à une hypothèque dont l'inutilité est démontrée, ne peut être considérée comme un acte d'aliénation.

Consentir à un ordre amiable, c'est plus qu'administrer, mais ce n'est pas aliéner, c'est un acte d'une nature particulière qui doit exiger une capacité particulière, quelles que soient ses conséquences.

Il serait d'ailleurs déraisonnable d'admettre que le défaut de payement d'un créancier incapable puisse paralyser l'ordre amiable. Comment ! les créances qui viennent en ordre utile et qui absor-

bent le prix sont incontestables. Des créanciers ins- N° 37.
crits avant l'incapable et non colloqués reconnaissent
qu'ils n'ont rien à dire et il faudra absolument faire
les frais d'un ordre judiciaire qui retomberait peut-
être sur l'incapable colloqué pour partie de sa
créance !

Si le législateur avait voulu faire une distinction
aussi capitale, il s'en serait expliqué : la jurisprudence l'avait faite pour les ordres consensuels, mais
cette jurisprudence était fort incertaine. Quelques
auteurs, quelques arrêts étaient allés jusqu'à dire
que le représentant de l'incapable ne pouvait accepter
un ordre consensuel même en touchant l'intégralité de la créance (1). D'un autre côté, il n'y a pas à
assimiler l'ordre consensuel à l'ordre amiable. L'ordre consensuel n'a jamais été considéré et ne peut
être considéré comme un acte spécial ; c'est ou le
payement d'un capital, ou une mainlevée pure et
simple. De ce que plusieurs payements et plusieurs
mainlevées sont constatés par le même acte, il ne s'en-
suit pas que cet acte puisse avoir une physionomie
particulière. Il n'en est pas de même de l'ordre
amiable pour lequel la loi a organisé une procédure
particulière avec des garanties spéciales, entre autres
la surveillance et l'approbation du magistrat.

Si le législateur avait voulu que les incapables ne
pussent, dans certains cas, consentir d'ordre amiable,

____

(1) De Belleyme, *Rapport sur l'arrêt du 16 novembre 1859*. S. 1859.
1. 894.

4

N° 38. il aurait déclaré, comme dans le cas de conciliation devant le juge de paix, que les ordres où des incapables se trouvaient engagés ne seraient pas précédés d'une tentative de règlement amiable ; ou tout au moins il aurait laissé le juge-commissaire libre, suivant les circonstances, de tenter ou de ne pas tenter ce règlement.

Si donc l'ordre amiable est possible dans tous les cas, si d'un autre côté il suppose une capacité spéciale, il faut l'assimiler à la transaction. Ne suppose-t-il pas en effet, même dans le cas où l'incapable est colloqué, certaines concessions, certains sacrifices qui ne peuvent être consentis qu'avec les formes protectrices de la transaction ?

Les incapables peuvent donc consentir à un ordre amiable, qu'ils soient colloqués ou qu'ils ne le soient pas, à la condition que le consentement soit donné dans les formes exigées par la transaction. (Art. 467 C. Nap.)

Quelques auteurs n'admettent la nécessité de la transaction que lorsque l'incapable n'est pas colloqué, ou qu'il ne l'est que pour partie.

38. — Une troisième opinion raisonne ainsi :

Un immeuble est vendu : l'état sur transcription présente des inscriptions. L'acquéreur pourrait aller trouver chacun des créanciers, le payer, obtenir mainlevée et employer ainsi utilement son prix (art. 1251 C. Nap., § 2). Mais il se trouverait ainsi exposé aux reproches du vendeur et des créanciers

hypothécaires derniers en rang, qui pourraient pré- N° 38.
tendre qu'une partie des sommes ainsi versées l'a
été à tort.

Pour éviter ce danger, l'acquéreur veut que le
payement qu'il fera à chaque créancier soit approuvé par tous, que les droits de chacun soient
reconnus contradictoirement devant le juge-commissaire. Tel est le but de la convocation qu'il provoque.

Que se passe-t-il à la réunion ?

En premier lieu, l'acquéreur indique les sommes
qu'il doit aux créanciers, soit en vertu de son titre,
soit en vertu des significations. Si quelque difficulté
s'élève à ce sujet, nous verrons plus tard qu'elle
peut être réservée comme étrangère à l'ordre. S'il
ne s'en élève pas, le juge-commissaire constate
l'accord de tous les intéressés.

Les créanciers réclament alors successivement,
suivant le rang de leurs priviléges et dans l'ordre
de leurs hypothèques, les sommes dont ils se pré-
tendent créanciers.

Les créanciers postérieurs examinent le bien fondé
de ces réclamations. Si elles ne donnent lieu à aucune contestation, elles sont admises ; si au contraire elles donnent naissance à des difficultés, le
juge-commissaire réserve un nouvel examen.

Lorsque le prix est absorbé par des créances
incontestables et que les créanciers postérieurs le reconnaissent, l'affaire des créanciers est terminée, le
règlement amiable existe : il ne reste plus au juge-

Nᵒ 38. commissaire qu'à tirer de ces préliminaires les conséquences légales, c'est-à-dire à ordonner la délivrance de bordereaux aux créanciers venant en ordre utile et la radiation des inscriptions des autres.

Qu'a-t-on fait ? les créanciers colloqués ont réclamé le payement d'une créance exigible ; les créanciers non colloqués ont reconnu l'existence d'un droit de préférence qui leur était opposable, voilà tout. On peut dire que les premiers ont fait acte d'administration : la réception d'un capital mobilier exigible rentre en général dans les pouvoirs de l'administration ; mais les seconds ont fait évidemment autre chose.

Ont-ils transigé ?

« La transaction (art. 2044 C. Nap.) est un con-« trat par lequel les parties terminent une contes-« tation née ou préviennent une contestation à « naître. »

Ajoutons, pour que la définition sóit complète, que les droits sur lesquels on transige, doivent être *douteux;* qu'il doit y avoir *concession, sacrifice réciproque, — aliquo dato, vel retento, vel promisso.* (Troplong, art. 2044, nᵒ 4.)

Ici, pas de contestation née ou à naître, pas de droit douteux, pas de concession mutuelle. Les créanciers non venus en ordre utile ont simplement reconnu l'existence d'un droit réclamé en justice : ils ont passé un acquiescement.

Quelle est la capacité exigée pour cet acte de la vie civile, l'acquiescement ?

Mais d'abord qu'est-ce qu'acquiescer ? Merlin dé- N° 38.
finit l'acquiescement. « Le consentement que l'une
« ou l'autre partie ou toutes deux ensemble don-
« nent à une proposition, à une clause, à une con-
« dition, à un jugement ou à quelque autre acte
« que ce soit. » (*Répertoire*, v° *Acquiescement*.)

Avec une définition aussi générale, on pourrait
faire rentrer toute convention dans l'acquiescement.
Limitons-la avec l'usage et la doctrine et disons
que l'acquiescement est le consentement donné par
tout intéressé à une demande en justice. C'est-à-dire
la reconnaissance en justice d'un droit préexistant,
reconnaissance contre laquelle on ne peut revenir,
sauf des cas exceptionnels.

On s'est demandé si l'acquiescement pouvait pré-
céder le jugement ou s'il devait nécessairement être
précédé d'une sentence : là-dessus on n'est pas
d'accord.

Il suffit, d'après nous, qu'une demande soit faite
en justice pour prendre un caractère sérieux, qui donne
passage à l'acquiescement; c'est, du reste, ce que
suppose l'art. 464 C. Nap.

Mais c'est ici le lieu d'examiner si réellement les
parties se trouvent devant la justice et quel est le
rôle du juge-commissaire.

On a dit que ce rôle était identiquement celui
du notaire, que le juge-commissaire était substitué
à cet officier ministériel dans un acte de sa compétence.

Il y a à nos yeux des différences radicales entre
le rôle du magistrat et celui du notaire.

N° 38. Ainsi, le notaire ne peut que constater la convention qui a lieu devant lui : il n'a pas à examiner la capacité des parties contractantes.

Le notaire n'a pas à donner ou à refuser son approbation à la convention : il constate l'échange des volontés, donne à cette convention le caractère authentique en lui laissant les vices intrinsèques qu'elle peut avoir.

Enfin, le notaire n'a pas à ordonner l'exécution de la convention contre qui de droit. Elle n'a de force que celle qu'elle puise dans ses propres dispositions.

Nous pensons que sous ce triple rapport le rôle du juge-commissaire diffère de celui du notaire.

Ainsi, selon nous, le juge-commissaire devra vérifier la qualité des parties et examiner leur capacité. En effet, si le règlement amiable a lieu par le consentement des créanciers, il va rendre une ordonnance de radiation (art. 754 C. proc. civ.). Comment voudrait-on qu'il ne vérifiât pas si ce consentement a été suffisant, si l'acte en vertu duquel il va lui-même procéder est conforme à la loi ?

Nous pensons également qu'il doit donner son approbation à l'ordre amiable.

Les deux rapporteurs des arrêts de cassation de 1859, quoique d'un avis différent sur le caractère de l'ordre amiable, ne font pas de doute à cet égard.

« Le juge-commissaire dresse le procès-verbal, si
« l'arrangement adopté par les créanciers lui paraît
« conforme au droit, ou lui refuse au contraire sa

« sanction. » (Rapport de M. de Belleyme.) « Les N° 38.
« mandataires n'ont qu'à accepter des propositions
« à l'adoption desquelles vient se joindre l'appro-
« bation du juge-commissaire. » (Rapport de
M. d'Esparbes de Lusiau.) (1)

On ne comprend pas, en effet, que le juge-commissaire puisse être forcé d'ordonner l'exécution d'un
acte qui consacrerait à ses yeux des injustices, ou
les droits des incapables seraient sacrifiés par des
mandataires sans responsabilité sérieuse.

Enfin, en troisième lieu, la convention reçue par le
notaire n'ayant d'autre force que celle qu'elle trouve
en elle-même, dans la valeur des clauses qu'elle renferme, dans la capacité des parties qui contractent,
les tiers, l'adjudicataire, le conservateur des hypothèques sont obligés pour l'exécuter, en ce qui les
concerne, sans se compromettre, d'examiner la valeur des clauses, la capacité des parties. Dans l'ordre
amiable, cet examen est fait par le juge seul ; c'est à
lui seul de déclarer si la convention est légale et
à en ordonner l'exécution. Aussi, quand le magistrat se sera renfermé dans les limites de l'autorité
qu'il tient de la loi (nous verrons plus tard quelles
sont ces limites), les tiers, le conservateur, l'adjudicataire n'auront qu'à exécuter l'ordonnance. C'est
un titre exécutoire contre eux et par conséquent qui
les met à couvert.

Sans doute, cette intervention du juge-commis-

(1) Sir. 1839. 1. 894 et suiv.

N° 38. saire dans l'ordre fait peser sur lui une responsabilité assez lourde. En fait, cette responsabilité existe. De ce que le juge est présent à la réunion, de ce qu'il se mêle plus ou moins au débat, de ce qu'il constate l'accord intervenu, les parties concluront qu'il joue un rôle actif, et s'il y a des erreurs dans l'ordre, s'il y a des droits sacrifiés, on s'en prendra à lui : ne vaut-il pas mieux accepter franchement cette responsabilité qu'on ne peut éviter et faire la part du juge-commissaire en lui réservant le droit de sanction ?

Est-ce à dire que toute convention pourra avoir lieu à l'abri d'un règlement amiable, pourvu qu'elle soit approuvée par le juge ? La partie qui consent à un ordre amiable, doit avoir la capacité pour acquiescer : mais la transaction, par exemple, est un acte d'une nature spéciale, qui suppose, ainsi que nous l'avons vu, des droits douteux, des sacrifices réciproques et que la loi soumet, quand il intéresse des incapables, à des formalités spéciales. (Art. 2045 C. Nap.) Toutes les fois donc que des difficultés sérieuses intéressant des incapables se présenteront dans un ordre amiable, le juge-commissaire devra réserver la sanction jusqu'à ce que les parties aient fait valider, dans la forme transactionnelle, l'accord intervenu. Nous verrons plus tard quelles seraient les conséquences d'un règlement amiable, cachant des actes d'aliénation.

La capacité pour consentir un ordre amiable, avons-nous dit, est celle de passer un acquiesce-

ment ; mais cette capacité est-elle définie, limitée N° 40.
par la loi ? Malheureusement non. Le Code Napoléon ne parle qu'une seule fois de l'acquiescement,
c'est pour autoriser le tuteur à le consentir, lorsqu'il ne concerne que des droits immobiliers.
(Art. 464 C. Nap.)

39. — Nous avons pensé que l'acquiescement
supposait une demande en justice. Comme conséquence, nous admettrions que toute personne ayant
capacité pour représenter en justice certains intérêts et
à laquelle le droit d'acquiescer n'aura pas été interdit
par la loi, au moins indirectement, aura capacité
pour acquiescer.

Mais les parties qui interviennent devant le juge-
commissaire ont une double qualité : elles sont de-
manderesses en ce qui concerne leur réclamation
personnelle, elles sont défenderesses en ce qui concerne la réclamation des autres. Il faut donc que
l'acquiescement soit possible à ce double point de
vue.

40. — Le tuteur qui peut, soit comme demandeur,
soit comme défendeur, passer au nom du mineur
un acquiescement dans une instance relative à des
droits mobiliers (art. 464 C. Nap.), pourra consentir un ordre amiable, que la créance du mineur
soit ou ne soit pas remboursée.

En vain, dirait-on, dans ce dernier cas, qu'il y a
renonciation à un droit immobilier, l'hypothèque

N° 40. appartenant à un mineur? L'hypothèque n'est que l'accessoire d'un droit mobilier : l'accessoire suit le sort du principal. D'ailleurs, le tuteur ne renonce à rien : on lui demande s'il a des objections à faire à la demande d'un créancier réclamant une somme mobilière : il reconnaît qu'il n'a rien à dire, il acquiesce à cette demande, voilà tout. Le juge-commissaire tire de cette reconnaissance, de cet acquiescement telles conséquences que de droit.

On a voulu distinguer le cas où le mineur ne touchait qu'une partie de sa créance. Dans ce cas, a-t-on dit, il y a véritablement transaction. Pourquoi? La reconnaissance du tuteur ne porte-t-elle pas sur les mêmes faits dans tous les cas? Et n'est-ce pas, alors précisément que cette reconnaissance peut être avantageuse, c'est-à-dire quand elle évitera au mineur les frais de l'ordre judiciaire qui retomberont sur lui, qu'il faut en admettre l'efficacité?

Le tuteur pouvait également reconnaître que l'inscription du mineur ne grève pas les biens en distribution. C'est toujours là une conséquence de son droit d'acquiescer.

Mais si l'hypothèque du mineur venait en rang utile, le tuteur pourrait-il, à ses risques et périls, renoncer à demander collocation, sans justifier que la créance du mineur est éteinte? Nous ne le pensons pas. — En effet, une pareille renonciation serait une véritable donation et non pas un acquiescement. Sans doute, à l'ordre judiciaire le tuteur pourra se dispenser de produire et arriver au

même résultat : c'est là un fait d'abstention qui N° 41.
se passe en dehors du regard de la justice. Mais
le juge-commissaire appelé à sanctionner l'ordre
amiable ne peut ratifier un acte qui dépasse la capacité du tuteur, s'il ne suppose pas son infidélité.
Sans doute, le tuteur pourra s'abstenir à l'ordre judiciaire, mais la responsabilité du magistrat ne
sera pas en jeu et d'ailleurs le conseil de famille
prévenu pourra provoquer la destitution du tuteur
infidèle et prendre des mesures pour empêcher la
péremption.

Le curateur d'un interdit pourra consentir un
ordre amiable dans la limite des pouvoirs que nous
venons de reconnaître appartenir au tuteur. (Art. 509
C. Nap.) Il en est de même du prodigue assisté de
son conseil judiciaire. (Art. 503 C. Nap.)

41.—La femme mariée pourra également consentir
un ordre amiable, avec l'autorisation de son mari,
alors même qu'elle serait mariée sous le régime
dotal ; car la jurisprudence a reconnu à la femme
dotale le droit de passer un acquiescement, pourvu
qu'il ne renferme pas une fraude à la dotalité (1).

Mais la femme mariée pourrait-elle, venant en
ordre utile, renoncer à toute collocation sur le prix
d'un immeuble du mari, grevé de son hypothèque
légale, quand cette hypothèque est inscrite ?

____

(1) Riom, 3 avril 1840. Sir., *Col. nouv*, 3. 2. 245. — *Contra*,
Grenoble, 23 juillet 1859. Sir., 60. 2. 180.

N° 41.   Supposons le cas d'une femme mariée sous le régime de la communauté.

Le mari, sous ce régime, est maître des actions mobilières de la femme. (Art. 1428 C. Nap.) Mais quand le mari est débiteur, il ne peut être à la fois demandeur et défendeur à l'action qui a pour but le recouvrement de la créance; la femme doit donc être appelée personnellement. En vain dirait-on qu'avant la séparation de biens la femme n'est pas créancière sur son mari. Elle est toujours créancière d'un gage donné par le mari; or, il s'agit de la liquidation judiciaire de ce gage et la femme doit nécessairement être présente : elle verra si à ce moment il n'y a pas lieu de poursuivre une séparation de biens qui lui permettrait de réclamer collocation.

La femme, ainsi présente à l'ordre, peut-elle s'abstenir ? Ne s'agit-il pas dans ce cas d'une véritable restriction de son hypothèque légale, restriction qui ne pourrait être autorisée aux termes des art. 2144 et 2145 C. N., que de l'avis des quatre plus proches parents réunis en conseil de famille.

Nous pensons qu'elle peut s'abstenir, qu'elle soit ou non séparée de biens.

Avant la séparation, elle n'est pas véritablement créancière sur son mari : elle n'a donc rien à réclamer sur le gage qu'on liquide. Renonce-t-elle à son hypothèque sur ce gage ? Non, elle ne l'exerce pas, parce que cette hypothèque n'a pas de cause, ce qui est tout différent.

Après la séparation de biens, la question peut N° 41. être plus délicate, car la femme est véritablement créancière. Pourquoi, cependant, ne pouvait-elle pas renoncer au droit de poursuivre son débiteur, de réclamer son payement: elle pourrait donner à son mari l'argent qu'elle va toucher à l'ordre ; pourquoi ne peut-elle pas lui accorder un terme et laisser passer les créanciers plus pressés ? La restriction de l'hypothèque légale dans les cas prévus par les art. 2144 et 2145 du C. Nap., est un acte d'une autre portée. Il engage l'avenir : la femme ne sait pas, ne peut savoir l'étendue des concessions qu'elle fait à son mari. Dans le cas actuel, au contraire, la femme sait ce qu'elle concède. Nous ne verrions donc pas dans cette renonciation un acte dépassant la capacité de la femme et auquel le juge-commissaire dût refuser sa sanction.

Admettrons-nous la même solution pour la femme dotale ? Ce qui est particulièrement inaliénable, d'après la jurisprudence, sous le régime dotal, c'est le recours hypothécaire de la femme contre son mari. Rien ne peut paralyser ce recours. Ne peut-on pas dire que la renonciation de la femme, dans le cas qui nous occupe, est précisément la pure aliénation du recours hypothécaire qu'elle a contre son mari. Il y a là un fait volontaire personnel qui compromet la dot et la justice protectrice de la dot doit s'y opposer. Sans doute, la femme sera libre de ne pas produire à l'ordre judiciaire : la loi, dans ce cas, prononcera la déchéance ; mais au cas

N° 42. d'ordre amiable où la femme doit consentir et le juge ratifier; ne peut-on pas dire qu'il y a, comme en cas de renonciation par le tuteur, un principe d'ordre public qui s'oppose à ce que le juge ratifie une renonciation contraire aux principes constitutifs de la dot.

Si l'hypothèque de la femme n'était pas inscrite, malgré la purge, le juge-commissaire n'aurait pas à se préoccuper d'elle : il est présumé ignorer son existence. Sans doute, la femme pourrait encore se présenter utilement à l'ordre judiciaire : mais les créanciers ont le droit d'arrêter un ordre amiable et d'entraîner ainsi la déchéance de la femme. (Art. 717, Code de procédure civile.) Il serait difficile que le juge pût paralyser l'exercice de ce droit.

La femme peut-elle demander collocation sans poursuivre sa séparation de biens ? Cette question très-délicate (1) n'est pas de nature à se présenter à l'ordre amiable ; car les créanciers libres de consentir ou de refuser l'ordre amiable, peuvent accorder ou refuser à la femme la collocation dans les termes où elle la demande.

QUELLES PERSONNES DOIVENT CONSENTIR L'ORDRE AMIABLE.

42. — Nous avons vu quelles personnes pouvaient se trouver à la réunion devant le juge-commissaire.

____

(1) Houyvet, *de l'Ordre*, n° 196.

Ce sont d'abord :

1° L'ancien propriétaire vendeur ou saisi ;

2° L'acquéreur ou adjudicataire ;

3° L'avoué poursuivant l'ordre ;

4° Les créanciers hypothécaires ou privilégiés compris dans l'état sur transcription ou dont le droit de préférence n'est pas éteint ;

5° Les créanciers chirographaires de l'ancien propriétaire ;

6° Les créanciers personnels des créanciers inscrits.

Parmi ces personnes, les unes sont appelées ou comparaissent pour donner des explications, recevoir des délégations volontaires, sans que leur absence ou leur opposition paralyse l'ordre amiable ; les autres, au contraire, devront donner un consentement formel pour que cet ordre existe.

43. — La présence de tous les créanciers inscrits est indispensable : ce sont, en effet, les véritables intéressés, puisque, dans le système de la loi, l'acte de vente, ou tout au moins l'adjudication forcée, suppose une véritable délégation à leur profit.

Ainsi, l'absence d'un seul de ces créanciers suffirait pour empêcher l'ordre amiable : nous pensons néanmoins que le juge-commissaire pourrait arrêter les bases d'un ordre amiable entre tous les créanciers présents, en réservant l'approbation du créancier absent. Ce créancier pourrait intervenir pour ratifier : cette ratification aurait lieu soit par consen-

N° 45. tement devant le juge-commissaire, soit par voie d'acquiescement sur le procès-verbal, par le ministère d'un avoué, soit, enfin, par une simple lettre, avec signature légalisée.

44. — Mais les créanciers consentant sont-ils liés vis-à-vis les uns des autres? Oui, si la ratification de l'absent a lieu dans le délai d'un mois, réservé par la loi pour l'ordre amiable ; mais si cette ratification n'a pas lieu, les créanciers se présentent à l'ordre judiciaire avec l'intégralité de leurs droits, et sont libres de revenir sur les consentements et concessions conditionnels qu'ils ont pu passer.

45. — Des créanciers dont l'inscription ne frappe pas, bien que compris dans l'état, peuvent être absents. L'ordre amiable pourra-t-il avoir lieu entre les créanciers présents et consentants ? Nous le pensons. Sans doute, le juge-commissaire n'est pas juge de la question de savoir si l'inscription frappe ou ne frappe pas, et il n'aura pas à ordonner la radiation de cette inscription : mais si, des renseignements fournis, des explications données, il résulte que c'est par erreur que l'inscription figure dans l'état, on peut ne pas tenir compte de cette inscription en l'absence du créancier réservé et maintenu dans tous les droits qu'il peut avoir. En effet, l'état sur transcription n'est pas un titre contradictoire qui constitue un droit et fasse la loi des par-

ties. Ce n'est qu'une présomption, un avertissement N° 45. donné au nouveau propriétaire.

Mais ce nouveau propriétaire ainsi menacé par une inscription dont il n'aura pas la mainlevée, pourra refuser de payer : ceci est une autre affaire. Nous pensons, en effet, que l'existence d'une inscription sur l'état est une menace dont l'acquéreur a le droit d'être débarrassé. Mais il peut déposer son prix à la caisse des consignations, dans les formes indiquées par l'art. 777. Cette procédure, en le mettant à l'abri, le rend non recevable à s'opposer à l'ordre amiable. Reste à savoir qui paiera les frais de consignation, d'instance en mainlevée, ou la déclaration de non-grèvement, qui deviendront nécessaires pour que la caisse des consignations paie les bordereaux : question complexe et toute de fait. Les tribunaux auront à voir si le conservateur n'a pas commis une faute en comprenant dans un état une inscription qui évidemment ne frappait pas l'immeuble. Dans ce cas, il devra supporter les frais de l'instance. C'est là une conséquence de l'obligation imposée aux conservateurs de délivrer des états comprenant les inscriptions relatives à un immeuble déterminé, et par conséquent ne comprenant que celles-là.

Au contraire, si l'erreur pouvait se justifier, si une similitude de nom, une ressemblance entre les immeubles expliquaient la présence à l'état d'une inscription, en réalité comprise par erreur, on pourra considérer l'instance, la déclaration de non-grève-

N° 46. ment comme ayant eu lieu dans l'intérêt du gage commun, pour le rendre liquide et les frais seront accordés comme frais de poursuite.

On peut se demander pourquoi dans ce cas ne pas ouvrir l'ordre judiciaire, qui entraînera la déchéance absolue du créancier non produisant ? C'est que la procédure en mainlevée ou la déclaration de non-grèvement pourra coûter beaucoup moins que l'ordre judiciaire. C'est aux créanciers intéressés à choisir la procédure la moins dispendieuse.

Si le créancier était présent et qu'on voulût, malgré sa réclamation, l'écarter de l'ordre, parce que son inscription ne frapperait pas, le juge-commissaire devrait ouvrir l'ordre judiciaire ou renvoyer les parties devant le tribunal, si elles y consentent, l'ordre amiable tenant état. Nous verrons, en effet, que cette procédure est admissible. Cette solution n'est pas contraire à ce que nous venons de dire, parce que, dans ce dernier cas, le procès s'élève, il faut le juger : tandis que dans l'hypothèse d'un créancier absent, la difficulté peut ne pas naître. Ce créancier peut donner mainlevée, l'adjudicataire peut consentir à payer, parce qu'on lui fournira des garanties, parce que l'inscription est sur le point de se périmer et qu'il aura la certitude de ne pas être inquiété.

46.—Doit-on considérer comme présents et consentants à l'ordre amiable les créanciers qui ont écrit au juge-commissaire qu'ils ne font aucune récla-

mation sur le prix en distribution, soit parce que N° 47.
leur inscription ne frappe pas, soit parce qu'ils sont
désintéressés, soit enfin parce qu'ils n'ont aucun
espoir d'arriver en rang utile.

La circulaire du ministre de la justice, du 2 mai
1859, le pense : « On peut admettre sans diffi-
« culté, dit–elle, que le créancier qui a reçu son
« payement, mais dont l'inscription n'a pu être
« radiée, ou celui qui ne venant pas en ordre utile
« renonce à faire valoir ses droits, ou enfin que la
« personne convoquée par erreur, évitent les frais
« d'un déplacement inutile ou d'une procuration,
« en faisant connaître par écrit au juge–commis-
« saire qu'ils sont étrangers à l'ordre ou qu'ils sont
« désintéressés. »

La circulaire est allée très–loin et jamais consentement donné en justice ne l'a été dans des formes
aussi simplifiées. C'est bien une preuve du rôle
actif réservé dans la pensée du ministre au juge-
commissaire.

Pour nous, en l'absence de ce document, nous
aurions pensé que la comparution du créancier devant le juge–commissaire eût été nécessaire. Cependant le désir de voir adopter une procédure uni-
forme de nature à favoriser les ordres amiables, nous
fait admettre l'interprétation ministérielle.

47. — Tous les créanciers sont présents, mais le
saisi ou le vendeur sont absents, l'ordre amiable
pourra–t–il exister ?

N° 47.   On a dit non : si l'ordre amiable suppose d'un côté un accord des créanciers hypothécaires sur le rang des créances, il suppose d'un autre une délégation du prix de vente à leur profit. Or, cette délégation ne peut avoir lieu sans le consentement du saisi ou vendeur, créancier de ce prix. En l'absence de ce créancier, le transport équivalent à délégation ne peut avoir lieu en justice qu'au moyen d'une procédure spéciale, saisie-arrêt ou ordre judiciaire, où il est appelé par voie d'huissier. A l'ordre amiable il n'y a pas mise en demeure judiciaire, l'absent est bien absent, le juge-commissaire ne peut transporter la créance par voie de jugement : il ne peut donc y avoir devant lui qu'une délégation conventionnelle.

Dès lors, en l'absence d'une des parties, la convention ne peut avoir lieu, l'ordre amiable dans son résultat définitif est paralysé (1).

On peut répondre qu'en cas de saisie et même en cas de vente volontaire, suivie de notification, la jurisprudence admet que le prix appartient tout entier aux créanciers hypothécaires. « Le vendeur, dit « M. Troplong, est censé avoir tacitement indiqué « dans le contrat de vente ses créanciers hypothé- « caires, pour recevoir en son lieu et place. » (*Hyp.*, IV, n° 929.)

C'est ainsi que des arrêts ont décidé que l'excédant du prix dissimulé dans le contrat et dans les

____

(1) Houyvet, *de l'Ordre*, 118.

notifications, que les intérêts du prix courus, même N° 47.
avant les notifications, appartenaient de plein droit
aux créanciers hypothécaires, à l'exclusion des créanciers chirographaires. Ces solutions reposent évidemment sur l'idée d'une délégation implicite et nécessaire.

Dans le cas de saisie, cette délégation n'est-elle
pas une conséquence de l'expropriation ? Sans doute
le saisi est toujours maître d'attaquer une créance
inscrite pour fraude, violence, erreur ; d'opposer
l'exception de quittance : sous ce rapport, on ne peut
pas dire que la délégation tacite qui résulte de
l'expropriation, soit aussi complète que celle qui
résulterait d'une délégation formelle ; mais quand
le saisi s'abstient, quand il ne paraît pas à l'ordre
pour contrôler les demandes qui sont faites, est-ce
qu'il ne reconnaît pas par là que le prix ne lui appartient plus et qu'il n'y a plus en question que
le rang hypothécaire des créanciers ?

C'est bien ainsi que cela fut entendu lors de la
discussion de la loi nouvelle et le rapport de la Commission s'en explique formellement : « L'adjudica-
« taire et le saisi sont convoqués, mais sans que leur
« absence puisse être un obstacle à l'arrangement et
« sans que la voix délibérative permette à l'adjudica-
« taire voulant retarder le payement ou au saisi
« dominé par l'humeur de s'opposer au règlement
« amiable entre les créanciers. »

D'un autre côté, si l'adjudicataire et le saisi
doivent être convoqués ainsi que les créanciers,

N° 48. ceux-ci seuls peuvent être condamnés à l'amende pour défaut de comparution. (Art. 751 C. de proc. civ.) Le législateur, en ne frappant pas d'une peine l'adjudicataire et le saisi qui ne comparaissent pas, a montré qu'il ne considérait pas leur présence comme absolument nécessaire.

Le législateur a donc admis cette idée de délégation mise en avant par la jurisprudence : ou si on veut, il a considéré que la mise en demeure par voie de lettre à l'ordre amiable, équivalait à une mise en demeure judiciaire du saisi et rendait cet ordre contradictoire avec lui. Ce qu'il y a de certain, c'est qu'il a admis qu'on pût se passer de sa présence.

48. — En est-il de même du vendeur ? La question est plus délicate, car le vendeur ne se trouve pas sous le coup de cette demi-interdiction qui pèse sur le saisi. Le droit hypothécaire que le jugement d'expropriation transporte *de plano* sur le prix de l'adjudication, subsiste sur l'immeuble vendu volontairement, tant que les notifications n'ont pas inauguré la procédure de purge. Enfin, la loi nouvelle ne parle que de la convocation adressée à la *partie saisie*. Dès lors, le vendeur, maître absolu de son prix, peut le transporter, le déléguer comme il l'entend, et il faut absolument son consentement pour en disposer.

Nous ne pensons pas que ces considérations, toutes puissantes qu'elles soient, aient arrêté le législateur.

Il a accepté évidemment le système des arrêts qui N° 49.
admettaient la délégation implicite au profit des
créanciers inscrits, aussi bien dans le cas de vente
volontaire, que dans le cas d'expropriation. La position du vendeur est absolument la même que celle
du saisi : celui-ci est aussi libre de céder le prix de
l'adjudication que le vendeur le prix de vente. Mais
cette cession n'est que subsidiaire, pour ainsi dire,
à la délégation qui résulte nécessairement du contrat de vente ou de l'adjudication. En cas de vente,
les notifications transportent le droit hypothécaire
sur le prix. A ce point de vue encore, la position des
créanciers hypothécaires est la même dans les deux
cas ; enfin, le juge-commissaire ne peut frapper
d'amende le vendeur qui ne comparaît pas, c'est
donc que sa présence effective à l'ordre amiable
n'est pas indispensable. Sa mise en demeure le fait
considérer comme présent. Seulement, nous pensons qu'il y aura nécessité de lui dénoncer l'ordre
amiable comme on lui dénonce l'ordre judiciaire.

49. — L'adjudicataire doit être appelé : sa présence s'explique. Le point de départ de l'ordre
amiable, c'est l'établissement de la masse à distribuer qui est le prix dû par l'adjudicataire ou
l'acquéreur : il est dès lors intéressant que cette
masse soit établie contradictoirement avec ceux qui
sont débiteurs du prix en distribution. On résoudra
ainsi à l'amiable les difficultés qui peuvent s'élever
sur le point de départ ou le taux des intérêts, sur

N° 50. l'époque du payement, etc., etc. Mais il est bien certain que la présence de l'adjudicataire ou du vendeur n'est pas indispensable. L'ordre n'est, à proprement parler, que la fixation du droit de préférence entre les intéressés. L'établissement de la masse n'est qu'une opération accessoire distincte ; aussi, l'adjudicataire ou l'acquéreur qui ne se rend pas à la réunion, ne pourrait être condamné à l'amende de 25 fr.

50. — Nous avons vu que le juge-commissaire devait convoquer les créanciers chirographaires opposants, les cautions solidaires mentionnées dans les inscriptions. Mais ces créanciers, ces cautions n'ont pas un droit spécial sur le prix. Nul doute que l'ordre ne soit arrêté très-valablement en leur absence ; il n'en serait pas de même si les cautions avaient pris une inscription personnelle, en vertu d'un payement effectué, cette inscription les ayant subrogées légalement dans les droits du créancier.

Seulement, en l'absence d'un opposant, les créanciers chirographaires intervenants ne pourront obtenir un emport de deniers à leur profit, des sommes restant libres après le payement des créanciers hypothécaires. L'acte d'opposition paralyse à cet égard leur droit et celui du juge-commissaire. Il conduit nécessairement à une procédure en saisie-arrêt.

QUE DOIT CONSTATER LE PROCÈS-VERBAL D'ORDRE AMIABLE?

51.—Tous les intéressés sont présents, ou du moins tous ceux dont le consentement est nécessaire pour le règlement amiable.

Le juge-commissaire expose aux comparants l'objet de la réunion.

On procède d'abord à l'établissement de la masse à distribuer : c'est la somme qu'il s'agit de partager aux créanciers.

Le titre de vente est habituellement la règle. Mais les notifications ont créé une situation particulière aux créanciers; nul doute que si le prix ne portait pas d'intérêt ou s'il portait des intérêts inférieurs au taux légal, les créanciers ne fussent en droit d'exiger que la masse à distribuer comprît les intérêts à 5 °/₀ à partir des notifications. Les notifications, en effet, sont l'acte corrélatif de la sommation purger et délaisser qui a pour effet d'immobiliser les fruits et revenus de l'immeuble, et d'en faire un accessoire nécessaire du prix à distribuer. (2176, C.N.)

Cependant les créanciers ne pourraient exiger que les intérêts courussent à leur profit du jour du contrat. Tout en admettant avec la jurisprudence la délégation implicite, nous pensons que cette délégation est conditionnelle et ne se réalise que par les notifications (1).

(1) Troplong, *Hyp.*, nᵒˢ 929, 930.—Orléans, 11 janv. 1853; S. 1853. 2. 393.

52. — Il peut à ce moment s'élever des protestations contre le titre, en vertu duquel l'ordre est poursuivi. Le vendeur ou l'acquéreur peuvent en invoquer la nullité, ou se réserver d'en provoquer l'annulation, en se fondant sur la lésion, le dol, l'erreur (art. 1109 et suiv., Code Nap.). Les créanciers hypothécaires peuvent soutenir que l'acte contient une dissimulation du prix réel (art. 1167, C. N.).

Toutes ces questions peuvent, il est vrai, se résoudre incidemment à l'ordre. Dans quelques cas néanmoins, elles doivent se résoudre par voie d'action principale intentée devant le domicile du défendeur. Mais elles ne peuvent jamais paralyser l'ordre amiable. Si les créanciers y consentent, le juge-commissaire peut arrêter un règlement amiable conditionnel, subordonné à la solution que donnerait ultérieurement la juridiction compétente sur la validité et l'interprétation du titre. Nous verrons, en effet, que le règlement amiable peut être conditionnel.

Il sera souvent préférable de surseoir jusqu'au vide de l'instance engagée ou à engager, l'ordre amiable tenant état. Nul doute que le juge-commissaire ne puisse ordonner ce sursis. Nous verrons plus tard s'il pourrait renvoyer directement les parties à l'audience, dans le cas où le Tribunal auquel il appartient serait compétent pour résoudre la difficulté soulevée.

53. — Les questions qui concernent la masse étant

réglées, on passe ensuite à l'examen de chaque N° 53. créance et de son rang hypothécaire.

Chaque créancier produit successivement sa demande dans l'ordre de préférence. Le juge donne aux parties une lecture sommaire du titre. Les intéressés font les observations qu'ils jugent convenables, le créancier donne ses explications.—Ces observations et explications doivent-elles figurer sur le procès-verbal? Non, a-t-on dit ; elles peuvent émaner de créanciers inexpérimentés qui compromettraient leurs intérêts : le procès-verbal d'inconciliation devant le juge de paix pour éviter ces inconvénients, aux termes de l'article 54 du Code de procédure civile, doit mentionner *sommairement* que les parties n'ont pu s'accorder ; même nécessité d'être sommaire pour le procès-verbal d'ordre.

Nous ne partageons pas cet avis.

La tentative d'ordre amiable, malgré ses rapports avec le préliminaire de conciliation, a ses règles spéciales, sa nature spéciale. S'il peut être dangereux de laisser les créanciers passer des obéissances compromettantes, il faut laisser à la prudence du juge-commissaire le soin de distinguer entre des déclarations, expression de la vérité toujours bonne à connaître, et des abandonnements qui doivent être entourés de réserves ; mais il est trop utile que le juge recueille les déclarations passées devant lui pour qu'on puisse condamner le procès-verbal au silence.

Nous pensons au contraire que le magistrat doit constater toutes les explications données, toutes les

N° 54. oppositions et réserves utilement faites, c'est à lui-même de provoquer les éclaircissements, les justifications, et il lui appartient de les consigner sur le procès-verbal, s'il le juge nécessaire. On comprend combien un examen semblable, dont les traces subsisteront et peuvent servir à de nouveaux contrôles, facilitera la découverte de la vérité, écartera les soupçons mal fondés, les prétentions exagérées, circonscrira les questions véritablement douteuses. En un mot, le procès-verbal de la première réunion doit être à nos yeux un véritable ordre provisoire avec contredits.

54. — Le rang des créanciers hypothécaires ou privilégiés, une fois fixé, soit définitivement si leur demande est consentie par les intéressés, soit provisoirement s'il y a des oppositions, le juge-commissaire provoque les réclamations des créanciers chirographaires, soit des créanciers personnels au vendeur s'il reste des sommes à distribuer, soit des créanciers personnels aux créanciers hypothécaires, demandant une collocation en sous-ordre.

Dans ce cas, comme il ne s'agit pas d'une délégation implicite au profit d'un créancier hypothécaire, le débiteur sur lequel on réclame une collocation doit être présent et consentir. Mais si ce consentement intervient, nul doute que le juge-commissaire ne puisse en donner acte : l'attribution devient dès lors définitive et entraîne la délivrance d'un bordereau au créancier délégataire. Que l'ordre soit amiable ou judiciaire, les créanciers ont le droit de réclamer

collocation sur les sommes appartenant à leur débi- N° 56.
teur, et d'obtenir une attribution définitive.

55. — Le débiteur s'oppose à la collocation du
créancier intervenant, prétendant ou qu'il ne doit
rien, ou qu'il doit une somme inférieure à la somme
réclamée, le bordereau ne peut être délivré au créancier. Si le titre est authentique, ou si le débiteur
reconnaît devoir une certaine somme, le juge-commissaire pourra, dans l'ordonnance et dans le bordereau délivré, faire des réserves qui vaudront opposition au payement du bordereau, si l'intervenant se
prétend créancier des créanciers colloqués, opposition
au payement des deniers restant libres, s'il est
créancier chirographaire du vendeur. A quoi bon, en
effet, des actes extra-judiciaires, quand le créancier
intervenant use d'un droit incontestable. Mais le débiteur pourra-t-il s'opposer à ces réserves et renvoyer
l'intervenant se pourvoir par voie d'opposition extra-
judiciaire et de saisie-arrêt?
Nous ne pensons pas que le juge doive s'arrêter
devant cette prétention. Du moment où l'intervenant
est porteur d'un titre, il peut faire un acte conservatoire et son opposition doit être reçue et constatée
par le juge (art. 557 C. de proc. civ.).

56. — Il peut se présenter à l'ordre amiable, comme
à l'ordre judiciaire, des créanciers à hypothèque
conditionnelle et indéterminée.
Le mode de collocation de pareilles créances n'a

N° 57. pas été indiqué par la loi. Dans la pratique, on supplée à ce silence soit en faisant déposer à la caisse des consignations une somme réservée pour les créances indéterminées ou conditionnelles, soit en délivrant des bordereaux aux créanciers postérieurs à charge de donner des garanties. Ces idées sont applicables à l'ordre amiable : seulement dans cet ordre le mode de collocation devra être accepté par les créanciers intéressés et ne pourra être imposé par le juge-commissaire, comme il pourrait l'être par le Tribunal en cas d'ordre judiciaire.

En cas de rente viagère, nous recommandons fortement le dépôt à la caisse de la vieillesse, quand cette combinaison est possible. Le taux de la rente servie étant en rapport avec un capital déterminé ; on évite ainsi les frais onéreux d'un bannissement. L'adjudicataire dépose les fonds à la caisse du receveur des finances, en indiquant la destination : l'achat est fait par l'intermédiaire de ce dernier, et le créancier mis en possession de son titre, figure à la quittance libératoire.

57. — On s'est demandé si on pouvait colloquer comme frais privilégiés, les frais de comparution de l'avoué poursuivant, les frais de mandat ou de représentation des créanciers colloqués ou non venus en ordre utile.

Quant aux frais de l'avoué poursuivant, ils sont incontestablement dus. Sa présence est exigée par la loi, elle doit être rémunérée. Quel droit lui sera

accordé? On peut appliquer par analogie l'art. 135 N° 57.
du tarif civil qui accorde à l'avoué poursuivant certains droits à l'ordre judiciaire. Que l'ordre soit amiable ou judiciaire, le poursuivant doit examiner les productions faites. Seulement le droit dû par production se restreindrait aux collocations utiles.

Quant aux frais de mandat ou d'assistance des créanciers colloqués, ou non venus en ordre utile, il nous paraît impossible de les employer comme frais privilégiés, ou de les admettre comme suite de créance. La loi, en effet, fait de la comparution personnelle la règle générale : si un des créanciers se fait assister ou représenter, ce ne peut être qu'à ses frais. On dit que l'importance des intérêts en jeu et la difficulté des questions hypothécaires étrangères aux parties, nécessitent toujours·l'assistance de conseils; que, d'un autre côté, les parties maîtresses de donner ou de refuser leur consentement, peuvent mettre comme condition à ce consentement qu'on paiera les frais de mandat, d'assistance, ou même de déplacement. L'inexpérience des parties, la complication des intérêts où elles sont engagées, ne peut changer la nature de leurs droits; quant aux conditions qu'elles peuvent mettre à leur consentement, nous ne voyons pas là un droit, mais un abus du droit. Pourquoi ne se croiraient-elles pas autorisées à ne consentir que moyennant le remboursement de tout ou partie de leur créance? Tout cela peut se passer quelquefois en fait, mais la justice ne peut que fermer les yeux : elle ne doit pas sanc-

N° 59. tionner de véritables abus : quand un créancier hypothécaire a contracté, il a su comment son gage serait liquidé, il a su qu'il pouvait être appelé devant le magistrat pour reconnaître certains faits; il a accepté toutes ces éventualités, tous ces inconvénients, et il ne doit pas chercher à se créer une position exceptionnelle au préjudice des autres créanciers.

Il en serait autrement si le créancier avait stipulé dans l'acte de prêt une indemnité de déplacement ou de représentation en cas d'ordre amiable. Cette stipulation ne pourrait être considérée comme usuraire : seulement elle devrait figurer dans l'inscription. Les frais de représentation seraient alloués comme accessoires de la créance, mais jamais par voie de privilége.

58.—Dans le cas où tout le monde est d'accord, les créanciers hypothécaires pour arrêter l'ordre de préférence, le saisi pour consentir les collocations réclamées, le juge-commissaire n'a qu'à constater cet accord et à en tirer les conséquences : « Il « ordonne la délivrance des bordereaux aux créan- « ciers utilement colloqués, et la radiation des ins- « criptions non admises en ordre utile, » (Art. 759, proc. civ.) ou qui n'ont pas de cause.

59. — Mais sa mission s'arrête là. Il ne peut que constater l'ordre amiable, l'accord entre les créanciers et les consentements accessoires, et tirer de

cet accord, de ces consentements les conséquences N° 59.
légales.

Ainsi, il ne devrait pas mentionner les conventions qui ne se rattachent pas d'une manière nécessaire à l'ordre. Il ne devrait pas, par exemple, constater le payement du prix par les adjudicataires et donner mainlevée en conséquence. Ceci est une opération parfaitement distincte de l'ordre et qui appartient au domaine du notaire. Si l'acquéreur a payé quelques créanciers, il pourra seulement réclamer subrogation à leur place, en vertu de l'article 1251, Code Napoléon.

A plus forte raison, le juge-commissaire ne devrait pas ordonner la radiation des créanciers colloqués. Sans doute, ces créanciers sont armés d'une créance personnelle contre l'acquéreur et d'un droit de poursuivre la résolution par voie de folle-enchère ; mais l'inscription est une garantie accessoire qui peut avoir son utilité et qui doit être maintenue jusqu'au payement.

Le juge-commissaire pourrait cependant constater les conventions qui se rattachent directement à l'ordre. Ainsi il pourrait, du consentement des créanciers, comprendre dans la masse en distribution les prix d'immeubles vendus, autres que ceux qui ont été la cause de l'ouverture de l'ordre. Il pourrait également réunir plusieurs ordres ouverts simultanément devant le tribunal et même devant des tribunaux différents, si les mêmes créanciers figuraient aux différents ordres.

N° 59.   Plusieurs immeubles ont été vendus par un prix unique et sont grevés d'hypothèques spéciales ; l'acquéreur a oublié, dans le cas de vente volontaire, de faire la ventilation dans ses notifications ; nul doute que les créanciers ne puissent procéder à une ventilation conventionnelle pour fixer la valeur des divers immeubles.

Un immeuble grevé d'un usufruit a été vendu sans réserve de cet usufruit. L'usufruitier intervient et réclame distraction de la valeur de son usufruit. On peut encore l'estimer conventionnellement et le distraire de la masse à distribuer.

On peut pareillement donner estimation à la rente viagère d'un créancier, à une créance indéterminée.

Mais, dans tous ces cas, il sera peut-être plus prudent, quand des mineurs et des incapables seront intéressés à la mesure à prendre, de recourir aux formes tutélaires de la transaction.

Le juge-commissaire pourrait-il ordonner, sur la demande des créanciers, qu'il ne leur sera délivré qu'un bordereau collectif et unique pour éviter les frais des bordereaux individuels? Ceci est plus délicat : la loi accorde au greffier une certaine remise par chaque bordereau, et on peut dire que c'est là un mode de salaire pour le concours qu'il apporte au juge-commissaire dans les diverses opérations de l'ordre. Cependant, nous pensons que les créanciers peuvent s'entendre pour ne réclamer qu'un titre collectif remis à l'un d'eux. C'est ainsi que, dans les adjudications, le cahier des charges porte souvent

que la grosse unique sera remise à l'adjudicataire N° 62.
du plus gros lot.

60. — On peut se demander si, avant ou après
l'ordre amiable, le juge-commissaire aurait le droit
d'ordonner la ventilation qu'il a le droit d'ordonner
incidemment à l'ordre judiciaire (art. 757 C. proc.
civ.).

Nous le pensons : il y a un ordre ouvert, et la loi
a dû donner au juge-commissaire le pouvoir nécessaire à la confection de l'ordre : qu'importe, que
l'ordre soit amiable ou judiciaire ; une difficulté ma-
térielle, la confusion du prix, s'oppose à la marche
de la procédure ; nul doute que le juge ne puisse
prendre les mesures pour faire disparaitre cet em-
pêchement.

61. — A partir de l'ordonnance de convocation
des créanciers, il y a véritablement un ordre ouvert,
ainsi que nous venons de le remarquer. Aussi, il doit
y avoir un cahier d'ordre déposé au greffe sur lequel
les ordonnances du juge-commissaire figureront et
sur lequel les parties seront reçues à faire des observations et passer des consentements. Seulement,
dans ce cas, elles seront obligées de recourir à l'intermédiaire de l'avoué, qui seul peut justifier leur
identité au greffier dépositaire.

62. — L'ordre amiable est suivi d'une ordonnance de radiation.

N° 62.   Quelle est la portée de cette ordonnance?

Il est évident d'abord que les créanciers qui ne viennent pas en ordre utile conservent leur hypothèque sur les immeubles étrangers à ceux dont le prix est en distribution et qui sont également affectés à leur créance. L'ordonnance de radiation ne peut donc s'appliquer à leurs inscriptions qu'en tant qu'elles frappent les biens dont le prix est l'objet de l'ordre amiable.

Mais nous pensons qu'il en est de même pour les inscriptions des créanciers ayant déclaré au juge-commissaire qu'ils ont été désintéressés ou que leur créance ne subsiste plus par tout autre motif. En effet, le juge-commissaire ne reçoit pas de mainlevée et n'a aucune qualité pour tout ce qui n'est pas une conséquence nécessaire de l'ordre amiable : or, la radiation d'inscriptions grevant des immeubles dont le prix n'est pas en distribution, n'a aucun rapport avec l'ordre, et le juge-commissaire n'a pas à l'ordonner (1).

Mais toutes les inscriptions qui grèvent l'immeuble seront radiées, aussi bien celles des créanciers qui ont comparu par des mandataires sous-seing privé que celles des créanciers qui ont simplement écrit au juge-commissaire qu'ils se retiraient de l'ordre : on a contesté cette dernière conséquence. Du moment, cependant, où l'on admet, avec la circulaire ministérielle du 2 mai 1859, que des lettres simplement

____

(1) *Sic*, Aix, 8 nov. 1862. Sir., 63. 2. 217.

légalisées peuvent valoir un consentement à l'ordre N° 64.
amiable, il faut dire en même temps que le juge–
commissaire est suffisamment autorisé à ordonner
une radiation qui est la conséquence de cet ordre.
Quelle position ferait-on au tiers–acquéreur qui 'a
droit à un immeuble parfaitement net, si on laissait
subsister sur cet immeuble des inscriptions qui en
paralyseraient la libre disposition entre ses mains (1).

63.—L'ordonnance étant l'œuvre du juge–commissaire, devra être signée par lui et le greffier ;
mais nous pensons qu'il est inutile de la soumettre à
la signature des parties. Le juge a parfaitement qualité pour constater seul ce qui se passe et ce qui se
dit devant lui. Il n'y a pas là deux actes distincts,
— convention préalable des créanciers constatée à
part, dans une forme spéciale, puis ordonnance éma-
nant du juge ; il y a un seul acte constatant des consentements et acquiescements passés devant le juge,
et la conséquence légale tirée par lui de ces acquiescements (2).

DES CAUSES QUI PARALYSENT L'ORDRE AMIABLE.

64.—Nous avons vu que plusieurs espéces de difficultés pouvaient surgir à l'ordre.

Contestation entre le nouveau propriétaire et l'an-

---

(1) *Contrà*, Seligman, 185.

(2) *Contrà*, Caen, 28 mai 1863. Sir., 63. 2. 241. (Conclus. contraires
de M. Olivier, 1er av.-gén.)

N° 65. cien ou les créanciers de celui-ci relativement à la masse à distribuer.

Contestation entre un créancier hypothécaire et le débiteur ou les créanciers postérieurs.

Contestation entre le débiteur et les créanciers chirographaires ou entre les créanciers colloqués et leurs créanciers personnels réclamant des sous-ordres.

Ces diverses contestations paralysent-elles nécessairement l'ordre amiable ? Peuvent-elles être résolues incidemment à cet ordre ?

65. — Quant aux contestations relatives à la masse à distribuer, nous avons déjà remarqué qu'elles sont dans une certaine mesure étrangères à l'ordre. Cependant, quand elles ne supposent pas la nullité du titre en vertu duquel cet ordre est ouvert, elles ne sont réellement qu'un accessoire de l'ordre. En effet, l'art. 778, Code de proc. civ., dit: « Que toute contestation relative à la consignation « du prix est formée sur le procès-verbal d'ordre. »

Lorsqu'il s'agit d'interpréter le contrat, d'apprécier les obligations du nouveau propriétaire, il s'agit bien évidemment d'une difficulté *relative à la consignation du prix*, véritable incident de la procédure d'ordre qui peut être vidé en suivant la procédure indiquée par l'art. 777, Code de proc. civile. Les créanciers qui ont personnellement contesté les offres du tiers-acquéreur, sont appelés à l'instance. Pendant ce temps, l'ordre amiable est suspendu si les créanciers le demandent.

Dans le cas où la contestation soulevée ne pourrait N° 66. être considérée comme un incident de l'ordre, comme si par exemple la nullité du contrat translatif était demandée, le défendeur peut être renvoyé devant le juge de son domicile, conformément aux lois générales de la procédure : l'ordre amiable, dans ce cas, est nécessairement suspendu.

66.—La difficulté soulevée est relative à un créancier hypothécaire, sa demande est contestée par le vendeur ou saisi, prétendant que l'obligation est nulle, prescrite, que des à-compte ont été payés.....

Incontestablement, le débiteur peut être admis à faire une opposition de cette nature : la présomption de délégation que nous avons admise avec la jurisprudence, ne va pas jusqu'à l'expropriation. Le débiteur serait admis à contester toute demande de ses créanciers à l'ordre judiciaire, il doit l'être également à l'ordre amiable, même lorsque les créanciers postérieurs ne contestent pas.

Mais son opposition paralysera-t-elle l'ordre amiable et nécessitera-t-elle l'ouverture de l'ordre judiciaire ? Nous ne le pensons pas.... La loi nous semble avoir réservé ce droit de requérir l'ordre judiciaire exclusivement aux créanciers hypothécaires. Le rapporteur dit formellement : « Que « l'absence ou l'opposition du saisi dominé par l'hu- « meur n'empêchera pas l'ordre amiable. » Les créanciers peuvent donc s'entendre malgré l'opposition du débiteur. Comment donc celui-ci fera-t-il

N° 67. valoir son droit? Simplement én provoquant une instance en opposition, l'ordre provisoire tenant état, et en faisant écarter par le Tribunal les prétentions du créancier. C'est là un *incident à l'ordre* qui doit être jugé par le Tribunal compétent pour l'ordre (loi du 14 novembre 1808), et qui peut être vidé par la voie indiquée par les art. 760, 761, C. proc.

Mais tout n'en sera pas moins définitivement réglé pour les créanciers antérieurs non contestés, qui peuvent recevoir un bordereau de collocation (art. 754, Code de proc. civ.).

Dans le cas où le débiteur triompherait dans son opposition, qui profiterait de l'évincement du créancier hypothécaire? Serait-ce le débiteur lui-même ou ses créanciers chirographaires? On pourrait prétendre peut-être que les créanciers postérieurs, en ne s'opposant pas, ont épuisé leur droit hypothécaire. Cependant, il faut penser que nous sommes à l'ordre, et qu'il est de principe en cette matière que l'évincement d'un créancier profite nécessairement aux créanciers postérieurs, quel que soit le rang et la qualité des opposants. Seulement, le créancier qui bénéficiera du résultat de l'opposition, supportera les frais de l'opposant, sauf le recours contre le créancier évincé; on appliquera à l'ordre amiable l'art. 706, relatif à la répartition des dépens en cas de contestation à l'ordre judiciaire.

67.—Un créancier inscrit fait opposition à l'ordre amiable, et réclame l'ouverture de l'ordre judiciaire à l'expiration du mois. Le juge-commissaire est tenu N° 69. de faire droit à cette réquisition.

Peu importe que le créancier opposant refuse de s'expliquer sur les causes de son opposition ; il ne consent pas, cela suffit : il use de son droit, et si l'ordre une fois ouvert, il s'abstient, il ne pourra jamais encourir de condamnation aux frais : *jure fecit.*

68. — L'opposition d'un créancier chirographaire d'un des créanciers inscrits paralyserait-elle l'ordre amiable?

Ce créancier ne pourrait-il pas dire : Mon débiteur peut réclamer l'ouverture de l'ordre judiciaire, j'use de son droit... Mais le débiteur pourrait évidemment répondre qu'il a la faculté de choisir entre tel ou tel mode de liquidation de son gage, et que ce choix est précisément un droit attaché à la personne, droit dont le créancier est exclu (art. 1166, C. Nap.).

L'opposant devrait donc se placer sur le terrain de l'art. 1167, c'est-à-dire de la fraude, pour pouvoir faire réussir son opposition.

Le créancier chirographaire du vendeur ou saisi, qui ne pourrait, pas plus que son débiteur, s'opposer à l'ordre amiable, pourrait également s'opposer à ce qu'il reçût son exécution, en invoquant la fraude : le juge-commissaire, en ce cas, devra réserver son ordonnance d'exécution jusqu'au vide de l'opposition.

69. — Les créanciers dont le consentement est nécessaire, peuvent accorder ce consentement sous

N° 69. condition, sous la condition, par exemple, que telle créance soumise à une discussion devant une autre juridiction, dans un autre ordre, sera reconnue par jugement définitif. Nous ne voyons aucune difficulté à admettre un pareil consentement.

Irons-nous plus loin? Dirons-nous qu'un créancier peut être colloqué provisoirement et conditionnellement, quoique contredit par d'autres créanciers opposants, à la condition par lui de faire écarter cette opposition par le Tribunal devant lequel, l'ordre est ouvert?

Incontestablement les uns et les autres, contestants et contestés, peuvent requérir l'ouverture de l'ordre judiciaire; mais, au lieu de recourir à une procédure parfaitement inutile, puisqu'une seule difficulté subsiste déterminée, limitée, ne peut-on prendre la voie du recours direct au Tribunal? Nous avons reconnu que c'était par cette voie que devait s'exercer le droit du saisi protestant contre la réclamation d'un créancier. Nous ne pensons pas que la procédure fût plus extraordinaire, parce que la querelle s'élèverait entre les créanciers hypothécaires eux-mêmes. L'ordre amiable subsiste, puisque le rang, l'importance des créances sont arrêtés. Une seule est contestée, une seule est colloquée provisoirement et conditionnellement. Qu'importe que le Tribunal compétent pour statuer sur la difficulté, soit saisi par voie d'incident à l'ordre amiable, ou par voie d'incident à l'ordre judiciaire (1).

(1) *Contrà*, Bordeaux, 13 mai 1863. S., 63 2. 244.

70.— Les créances contestées, ainsi réservées, le **N° 73.**
juge-commissaire arrêtera l'ordre partiel, conformément à l'art. 758, Code de proc., et ordonnera la
délivrance de bordereaux de collocation aux créanciers antérieurs, si des créanciers l'exigent. Dans
la pratique, ces ordres partiels sont rarement
arrêtés; en effet, il en résulte des embarras et des
frais.

71. — L'adjudicataire et l'acquéreur auront toujours le droit de consigner, conformément aux dispositions des articles 777–778, Code de proc. Pour
éviter les frais de consignation, les créanciers peuvent consentir à la réduction des intérêts et engager
ainsi l'adjudicataire ou l'acquéreur à garder leur
prix jusqu'au vide de l'instance.

72. — L'évincement d'un créancier hypothécaire
profitera aux autres dans leur rang hypothécaire, quel
que soit d'ailleurs celui qui aura contesté. Ce dernier
aura fait l'affaire d'autrui; seulement s'il triomphe,
il emploiera ses frais par privilége sur les deniers
restant à distribuer (art. 766, Code de proc. civ.).

73. —Mais peut-il y avoir ordre amiable pour
quelques-uns, ordre judiciaire pour les autres? Le
juge-commissaire peut-il ordonner la délivrance de
bordereaux aux créanciers admis et ordonner des
sommations de produire aux créanciers contestés et
contestants? La loi n'a pas prévu cette procédure

N° 74. mixte, et nous ne pensons pas que son texte puisse la permettre. — « A défaut de règlement amiable « dans le délai d'un mois, le juge..... déclare « l'ordre ouvert et commet un ou plusieurs huis- « siers (art. 752, C. proc.). »

Quand il n'existe qu'une seule difficulté, limitée, précisée, et que l'on est d'accord sur le reste, on peut réellement dire qu'il y a ordre amiable ; mais si les points sur lesquels on s'entend sont au contraire l'exception, si deux ou trois créanciers sont seulement admis, l'ordre amiable n'existe en aucune manière, et la loi dit formellement dans ce cas qu'il y a lieu à ouvrir l'orde judiciaire, où les choses doivent arriver entières et sans distinction (1).

SECONDE RÉUNION.

74. — La première réunion n'a pas amené d'ordre amiable : les parties ont déclaré (le juge-commissaire devra se prêter facilement à ces réserves) qu'elles n'étaient pas suffisamment éclairées sur leurs droits respectifs ; nul doute que le juge-commissaire ne puisse ordonner une seconde réunion..

Cela a été formellement déclaré dans le rapport de la commission, et c'est une nécessité, parce que la première réunion ne fait le plus souvent que ré-

____

(1) *Sic*, Seligman, **224**.

véler les difficultés sans donner le moyen de les N° 74.
résoudre.

Mais la discussion à laquelle on s'est livré, les éclaircissements donnés, les observations du juge-commissaire ont déjà écarté bien des embarras : les créanciers ont été mis en demeure de compléter des productions insuffisantes, le vendeur de justifier les payements qu'il invoque : les difficultés sérieuses ont été indiquées. Le juge-commissaire peut ordonner le dépôt au greffe des titres des créanciers : sans doute, ceux-ci peuvent s'y refuser, rien ici n'est obligatoire que leur présence. En fait, ils ne refuseront jamais, et le juge-commissaire pourra prendre des mesures pour que ce dépôt ait lieu sans inconvénient, en faisant donner, par exemple, si les parties le demandent, un état de pièces signé par le greffier.

Les créanciers dont la collocation n'est pas contestée, ceux qui ne réclament rien, sont dispensés de se rendre à la seconde réunion. Les autres sont obligés de s'y trouver sans qu'un avertissement nouveau leur soit adressé : la fixation du jour de la réunion en leur présence et l'invitation de s'y rendre qui leur est adressée par le juge-commissaire les mettent suffisamment en demeure.

Ceux qui étaient absents à cette première réunion sont prévenus par de nouvelles lettres du jour de la seconde.

N° 76.

ORDONNANCE DE CLÔTURE ET D'OUVERTURE D'ORDRE JUDICIAIRE.

« 75. — A défaut de règlement amiable dans le
« délai d'un mois, le juge constate sur le procès-
« verbal que les créanciers n'ont pu se régler entre
« eux et prononce l'amende contre ceux qui n'ont
« pas comparu. Il déclare l'ordre ouvert et commet
« un ou plusieurs huissiers à l'effet de sommer les
« créanciers de produire. » (Art. 752, C. proc. civ.)

76. — Quel est le point de départ de ce délai
d'un mois réservé par le législateur pour la tentative
d'ordre amiable?

D'après la circulaire ministérielle du 2 mai 1859,
ce serait le jour de la réquisition d'ouverture du
procès-verbal (1). Suivant quelques commentateurs,
c'est le jour de l'ordonnance de convocation rendue
par le juge-commissaire, cette ordonnance se ratta-
chant plus spécialement à l'ordre amiable.

Nous pensons que ces deux opinions sont trop
restrictives. La loi, en fixant un délai, n'a pu parler
que d'un délai utile ; or, jusqu'au jour de la première réunion, qui ne peut avoir lieu moins de dix
jours après l'ordonnance de convocation, et qui peut
être souvent beaucoup plus éloignée, suivant les
difficultés de l'affaire, le domicile des parties, les

____

(1) Cir. min., 2 mai 1859, n° 50.

occupations du juge-commissaire ; jusqu'à ce jour, N° 77. disons-nous, les créanciers ne peuvent connaître les difficultés que présente l'ordre et les moyens de les résoudre. Ce serait donc mal comprendre l'esprit de la loi que de faire courir inutilement un délai dont l'expiration entraîne une conséquence aussi grave que l'ouverture de l'ordre judiciaire. Quant au texte, il est muet, tout le monde en convient. Ne faut-il pas dès lors choisir l'interprétation la plus favorable au but que se propose le législateur ? Le retard d'une quinzaine de jours n'est pas un retard sérieux, et il peut éviter les longueurs et les inconvénients de l'ordre judiciaire (1).

77. — L'expiration du délai d'un mois emporte-t-elle nécessairement l'ouverture de l'ordre judiciaire? Incontestablement si l'un des créanciers la réclame. Le juge-commissaire doit faire droit à sa réquisition. On ne peut pas, sous prétexte d'une conciliation, quelque désirable et possible qu'elle soit, retarder l'ordre judiciaire qui, par ses délais fixés, par les mises en demeure et les déchéances qu'il entraîne, conduit nécessairement à la liquidation de tous les droits.

Nous pensons même en principe que lorsque les créanciers demanderaient une prolongation, le juge ne pourrait étendre ce délai indéfiniment, parce que

(1) *Contra*, Olivier et Mourlon, n° 324.—Grosse et Rameau, n° 290. —Chauveau, n° 2550 bis.

N° 78. l'ordre public est intéressé à ce que les procédures d'ordre prennent fin, et ensuite parce que la compétence spéciale qui lui est attribuée est renfermée par la loi dans des limites qu'il ne saurait étendre.

Cependant, si un délai de quelques jours était demandé pour une justification, pour la production de quelque pièce, et que les créanciers fussent d'accord sur tout le reste, le juge-commissaire pourrait, après avoir constaté cet accord, et du consentement de tous, réserver encore quelques jours pour les justifications demandées. Il y a dans ce cas véritablement un règlement amiable conditionnel.

78. — Le juge-commissaire, après avoir constaté que les créanciers n'ont pu se régler entre eux, prononce l'amende « contre ceux qui n'ont pas com- « paru. »

Quels sont les créanciers qui n'ont pas comparu ? Suffit-il pour éviter la condamnation à l'amende de comparaître à la première réunion? Oui, a-t-on dit ; le créancier a comparu, dès lors il ne tombe pas sous l'application de l'art. 752. *Odiosa restringenda*. D'un autre côté, le créancier ne peut être dérangé à chaque instant de ses affaires, pour assister à des réunions souvent inutiles. S'il comparaît une seconde fois, c'est par simple déférence pour le magistrat, déférence à laquelle il peut manquer sans encourir une peine.

Nous pensons que reconnaître au juge-commissaire le droit d'ordonner plusieurs réunions, c'est lui réserver celui de prononcer une condamnation contre N° 78. ceux qui n'obéissent pas à cet ordre. Le juge-commissaire n'usera de son droit de convocation que dans la mesure de l'intérêt et de l'utilité de tous, mais nous pensons qu'il est le meilleur juge de cet intérêt et de cette utilité. La possibilité de se faire représenter par un mandataire évite d'ailleurs ce que le déplacement pourrait avoir de gênant pour les créanciers, et si la présence à la seconde réunion était facultative, l'indifférence des créanciers considérant, souvent à tort, leur créance comme irrécouvrable, des conseils ignorants et parfois intéressés entraîneraient toujours quelque absence et rendraient la seconde réunion inutile. Il serait d'ailleurs d'un effet déplorable que le créancier qui a consenti, provoqué peut-être cette réunion, pût, sans encourir aucune responsabilité, manquer à l'obligation qu'il a prise, et nécessiter inutilement le déplacement des autres créanciers et du magistrat lui-même.

En sens inverse, doit-on dire que le créancier qui comparaît à la seconde réunion, et qui faisait défaut à la première, a encouru l'amende ? Cette question est plus délicate, car la comparution à la seconde réunion peut amener l'ordre amiable. D'un autre côté, la peine est prononcée d'après l'art. 752 (proc. civ.), non pas le jour où le délit est commis, mais à l'expiration du délai et à *défaut de règlement amiable.*

Nous pensons néanmoins que le créancier encourt l'amende par sa seule absence. N'a-t-il pas à se reprocher d'avoir occasionné aux autres un dépla-

N° 78. cement inutile d'avoir désobéi au magistrat? Si la loi a imposé à celui-ci le devoir de frapper d'une peine inflexible un fait qui peut n'être qu'une simple négligence, c'est qu'elle a pensé que l'intérêt général l'exigeait. Ne serait-ce pas rendre sa volonté inefficace, que d'autoriser les créanciers à mettre de la négligence ou du mauvais vouloir, soit au commencement, soit à la fin de la trêve ménagée pour la tentative d'ordre amiable?

Une seule amende cependant devrait être prononcée, quand même il y aurait eu plusieurs réunions et plusieurs absences constatées. En réalité, il n'y a qu'un fait unique de négligence entraînant plusieurs abstentions.

On devrait prononcer l'amende contre le créancier qui n'a pas comparu du tout, bien que sa collocation ait été consentie par les autres créanciers, et qu'un ordre amiable fût intervenu en son absence (1).

L'amende pourrait-elle être prononcée contre le mari convoqué, pour donner à sa femme l'autorisation nécessaire et qui ferait défaut? Nous le pensons. Sans doute, il n'est pas créancier, mais du moment où on reconnaît qu'il doit autoriser sa femme, il y a obligation pour lui de donner à celle-ci les moyens de faire valoir ses droits. Il pourrait donner cette autorisation par écrit.

Il arrive souvent que les créanciers mentionnés dans l'inscription sont décédés. Le juge-commissaire auquel on indique le nom des héritiers, doit les con-

(1) *Sic*. Cass., 16 nov. 1859, S. 59. 1. 900.

voquer personnellement. Ces héritiers peuvent-ils N° 79.
être condamnés à l'amende s'ils font défaut? Nous
le pensons sans aucun doute. L'héritier est tenu aux
obligations de son auteur, et lorsqu'il n'y satisfait
pas quand il est mis légalement en demeure de le
faire, il doit encourir les conséquences pénales de son
abstention.

Nous avons remarqué que l'amende ne pouvait être
prononcée contre le créancier présent qui s'oppo-
serait par mauvais vouloir à l'ordre amiable.

79.—Le juge-commissaire, après avoir prononcé
l'amende contre le non comparant, « déclare l'ordre
« ouvert... » l'ordre... c'est-à-dire l'ordre judiciaire.
(Art. 752, C. proc. civ.)

On s'est demandé si le juge-commissaire devait
nécessairement attendre le délai d'un mois pour
ouvrir l'ordre judiciaire. S'il ne pouvait pas, du
consentement des créanciers, lorsque le nombre et
l'importance des difficultés rendent évidemment impossible tout règlement amiable, ouvrir l'ordre judiciaire aussitôt après la première réunion et éviter
ainsi un retard inutile.

Nous ne le pensons pas. Le texte de l'art. 752 est
formel : « A défaut de règlement amiable dans le
« délai d'un mois... le juge constate. » Ne peut-on
pas dire, en effet, que les créanciers ne doivent
pas se jeter dans une procédure coûteuse sans avoir
fait ce qui est possible pour l'éviter. L'appel d'un
jugement ne peut être interjeté dans la huitaine

N° 80. (art. 449 C. pr.), et les meilleurs esprits pensent que c'est là une prohibition absolue et d'ordre public (Boitard, t. II, n° 196). La loi veut qu'on réfléchisse avant de faire un acte de cette gravité : n'est-ce pas un motif de même nature qui fait imposer aux parties cette trève d'un mois pendant laquelle les difficultés plus apparentes que réelles peuvent disparaître, les idées de conciliation se faire jour (1)?

80. — Le juge-commissaire, en déclarant l'ordre ouvert, commet un ou plusieurs huissiers pour faire les sommations.

Tous les créanciers doivent être sommés : — mais quelques-uns peuvent avoir déclaré au juge-commissaire qu'ils sont désintéressés, que leur inscription ne frappe pas, ou même qu'ils n'ont aucun intérêt à l'ordre, à cause de leur rang éloigné. Ces créanciers doivent-ils être également sommés ? A quoi bon, a-t-on dit, des frais inutiles ! Le juge-commissaire n'a-t-il pas reçu mission de la loi de recevoir de pareilles déclarations, puisqu'en cas d'ordre amiable, il peut ordonner la radiation des inscriptions. Est-ce que ces déclarations ne peuvent pas avoir la même portée lorsqu'il s'agit d'ouvrir l'ordre judiciaire?

Nous ne le pensons pas...

La compétence du juge-commissaire est renfermée

(1) *Sic*, Olivier et Mourlon, n° 325 ; — Grosse et Rameau, n° 294 ; — Chauveau, q. 2551, quint. — *Contra*, Nîmes, 9 mai 1860, S. 1861. 2. 215.

dans les limites que la loi lui trace ; or, le juge- N° 81.
commissaire n'a qualité qu'en cas d'ordre amiable pour tirer de pareilles déclarations le droit d'ordonner une radiation. En dehors de cet ordre, elles restent de simples dires constatés dans un procès-verbal et ne peuvent modifier en rien les droits hypothécaires. Ces droits ne s'éteignent que par un ordre, amiable ou judiciaire, ou par une mainlevée. Le juge n'a pas constaté d'ordre amiable, il n'a pas qualité pour recevoir une mainlevée, le droit hypothécaire subsiste donc en entier et on ne peut le faire disparaître que par une mise en demeure régulière de produire à l'ordre judiciaire, suivie de forclusion.

Nous déciderions également comme conséquence de ces idées, que s'il ne restait que trois créanciers intéressés et réclamant collocation, bien qu'un plus grand nombre figurât dans l'état hypothécaire, le juge-commissaire devrait ouvrir l'ordre et ne pas délaisser les parties à se pourvoir devant le tribunal comme s'il n'y avait que trois créanciers inscrits (art. 773, C. proc. civ.)

RECOURS CONTRE L'ORDONNANCE A L'ORDRE AMIABLE.

81.—L'ordre amiable a été constaté par le juge-commissaire.

Nous avons vu : 1° que cet ordre pouvait être constaté en présence de tous les intéressés et sans

N° 82. aucunes réserves ; 2° que certaines personnes pouvaient être absentes; 3° que certaines réserves pouvaient être faites.

Examinons le premier cas: aucun dissentiment n'a été constaté. Tout le monde est présent et a consenti.

82.—Faut-il dire que cette ordonnance est désormais un titre irrévocable et inattaquable ?

S'il y a possibilité de l'attaquer, comment doit-on s'y prendre. Ici se présente le système que nous avons déjà examiné et qui fait de l'ordre amiable une véritable convention.

Ceux qui voient dans l'ordre amiable un simple ordre consensuel, un acte notarié ordinaire, pensent que ce contrat est soumis à toutes les causes de nullité des conventions. (Art. 7109 et suiv. C. Nap.) (1).

Quant au mode d'attaque contre une pareille convention, ce ne peut être que l'action principale devant le Tribunal du défendeur ou de l'un des défendeurs. (Art. 50, C. proc. civ.)

Mais toutes les parties ayant figuré à l'ordre doivent-elles être mises en cause? L'ordre amiable peut-il être scindé, subsister pour les uns, être annulé pour les autres ? Le mineur, par exemple, en se faisant délier de ses engagements, ne délie-t-il pas les autres ? L'acte une fois attaqué ne doit-il pas tomber dans son entier ? Le consentement et l'obli-

(1) Houyvet, *de l'Ordre*, n° 123.

gation de chaque partie ayant pour cause et condition N° 82.
le consentement et l'obligation de tous, une seule de
ces obligations venant à disparaître, le contrat ne
s'évanouit-il pas? Quelles seront les conséquences
de la nullité de l'ordre vis-à-vis des tiers, cessionnaires des créanciers colloqués, adjudicataire, conservateur ayant exécuté l'ordre?

Le Tribunal qui prononcera la nullité de l'ordre
amiable aura-t-il qualité pour y substituer un nouvel
ordre?

Ces difficultés et ces bizarreries ne prouvent-elles
pas tout d'abord que le système qui les engendre
n'est pas dans le vrai? Non; cette réunion forcée de
dix ou vingt personnes, sous la direction d'un magistrat, pour examiner et reconnaître des droits
préexistants, n'est pas un acte identique à un contrat librement consenti par deux ou trois parties,
créant vente, échange ou obligation.

Pour nous, l'ordonnance constatant l'ordre amiable
est de tout point assimilable à l'ordonnance définitive de l'ordre judiciaire.

En effet, cette dernière ordonnance ne crée pas un
droit nouveau, elle ne fait que donner un titre à des
droits préexistants constatés par l'ordonnance provisoire par des consentements passés sur le procès-
verbal d'ordre, par le jugement s'il y a eu contredits.

L'ordre amiable n'est pas autre chose que la
reconnaissance par les parties de droits préexistants,
reconnaissance permise à ceux qui ont le droit de
passer un acquiescement à justice.

N° 83.   Il y a, il est vrai, cette différence entre les deux cas : c'est que, dans l'ordonnance définitive à l'ordre judiciaire, les droits reconnus ont été constatés dans des actes antérieurs, tandis que l'ordre amiable constate lui-même les consentements en vertu desquels il est arrêté. Mais les deux actes n'en ont pas moins la même base, ils sont une attribution judiciaire en vertu de reconnaissances passées en justice. Dès lors, ils doivent avoir les mêmes caractères, la même portée (1).

83. — Longtemps on a douté que l'ordonnance définitive fût susceptible de recours. En effet, ce n'est ni un jugement, ni un acte de juridiction gracieuse, ni précisément un acte d'exécution. On admettait cependant généralement qu'un acte ainsi arrêté en dehors des créanciers pouvait renfermer des erreurs matérielles, une appréciation erronée des actes sur lesquels il se reposait, et devait être soumis à un examen nouveau, à un contrôle possible.

La Cour de cassation, après une longue hésitation partagée par les Cours d'appel, admit la recevabilité de l'opposition par arrêt du 14 janvier 1850. Cet arrêt fit jurisprudence, et le législateur de 1858, en remaniant le titre de l'Ordre, consacra législativement cette jurisprudence. « En cas d'opposition à cette ordonnance... » (Art. 767, C. de proc. civ.)

____

(1) *Sic*, Rouen, 17 juin 1863, S. 63. 2. 219. — Aix, 13 mars 1860, S. 60. 2. 165.

Mais, à part ce droit d'opposition, l'ordonnance a N° 84.
tout à fait les caractères de la chose jugée : sans
doute, ce n'est pas la chose jugée absolué, complète de l'article 1351, C. Nap., opposable partout
et par tous ; mais, enfin, c'est l'attribution définitive,
irrévocable des sommes en distribution.

Semblable est l'ordre amiable.

Le législateur n'a pas réservé, il est vrai, le droit
d'opposition et cela se comprend, c'est que les parties ont été présentes et qu'elles ont donné leur consentement. Or, l'opposition n'est fondée que sur une
absence et un défaut de consentement. Le juge-
commissaire n'a pu porter dans son procès-verbal
rien de ce qui n'aurait pas été arrêté en présence
de tous et formellement consenti par tous. Dès lors,
il n'y avait pas à réserver le droit d'opposition.
L'ordonnance d'ordre amiable est donc parfaitement définitive et irrévocable, puisque elle a les
caractères de l'ordonnance définitive à l'ordre judiciaire et qu'elle est arrêtée en présence de tous les
intéressés (1).

84. — Est-ce à dire, cependant, que les erreurs
matérielles contenues dans l'ordonnance doivent
être imposées aux parties? Non ; s'il y a des erreurs
d'addition, des intérêts mal calculés, le notaire
pourra faire la rectification dans la quittance. Il est
jugé, en effet, que le principe de la chose jugée ne

______

(1) *Sic*, Rouen, ci-dessus cité.

N° 86. fait pas obstacle à la rectification des erreurs matérielles que peuvent renfermer les jugements.

85.—Nous avons vu que les ordres amiables ne pouvaient renfermer des transactions, des aliénations.

Quelles seraient les conséquences d'un ordre qui renfermerait des actes pareils ?

Il faut distinguer : si ces actes étaient formellement constatés par le juge-commissaire comme servant de base à l'ordonnance, ils entraîneraient la nullité de l'ordonnance ; et si, au contraire, les actes dont il s'agit n'étaient pas mentionnés dans l'ordonnance, s'ils résultaient seulement d'abstentions, de demandes incomplètes ; s'ils ne pouvaient, en un mot, frapper l'attention des tiers, il y aurait présomption suffisante que le magistrat se serait conformé à la loi. Et ce n'est qu'en alléguant une fraude et en se fondant sur les articles 1167 et 1382 Code Napoléon, qu'une partie pourrait revenir sur ce qui est constaté par l'ordonnance ; quant aux tiers, ils sont toujours à l'abri derrière son texte.

86. — Examinons maintenant le second cas :

L'ordre amiable peut-il être frappé d'opposition par des personnes qui n'ont pas figuré à la réunion ?

Nous avons vu que l'adjudicataire et le saisi peuvent être absents et que leur absence ne paralyse pas l'ordre amiable, mais comme cet ordre peut avoir des conséquences importantes pour eux, nous avons pensé qu'il y avait lieu de le leur dénoncer.

L'adjudicataire, l'acquéreur auquel on dénonce N° 86.
ainsi l'ordre amiable, s'aperçoit que la masse en
distribution est supérieure aux sommes qu'il doit
réellement. Peut-il faire opposition à l'ordonnance?
Nous le pensons.

Il n'y a pas chose jugée à son égard. Mais le
doit-il? Serait-il admis à dire aux créanciers : « Mon
titre d'acquisition est le seul titre obligatoire pour
moi, tout au plus les notifications; on n'a pu changer
arrière de moi la position qui m'était faite par ces
actes, et je n'ai pas à m'occuper de ce qui s'est passé
entre vous. » Nous ne le pensons pas. Il était précisément appelé à l'ordre pour régler définitivement,
vis-à-vis des créanciers, les obligations qui lui incom-
bent en vertu d'actes différents et de la loi. Il devait
s'y présenter : il s'est abstenu, il a été négligent, il
a laissé prendre un titre contre lui ; c'est à lui de le
faire modifier et à ses frais, sauf le cas de contestation de la part des créanciers.

Mais l'adjudicataire peut-il motiver son opposition
en se fondant sur ce que les droits des parties ont
été mal appréciés, sur ce que les intérêts des mineurs,
de la dot ont été compromis.

De même le conservateur auquel on présente un
ordre ou le juge lui paraît avoir mal apprécié la
capacité des parties, doit-il faire opposition à l'ordonnance ?

La voie de l'opposition à cet égard est fermée à
l'un et à l'autre.

En effet, de deux choses l'une, ou le magistrat
s'est renfermé dans la limite de ses attributions. et

N° 87. alors son ordonnance a l'autorité de la chose jugée vis-à-vis de tous ceux qui ont été représentés, et met à l'abri ceux qui l'exécutent ; ou bien le magistrat est sorti de ses attributions, il a constaté quelque chose qui ne serait pas un ordre amiable ; un ordre, par exemple, où tous les créanciers n'auraient pas consenti ; une transaction entre des mineurs sans formalités judiciaires ; il aurait ordonné des radiations sur des immeubles dont le prix n'est pas en distribution. Dans tous ces cas, les tiers peuvent simplement refuser l'exécution d'une ordonnance qui n'a pas les caractères de la légalité.

87. — Nous avons dit, en troisième lieu, que certaines réserves pouvaient être faites dans le règlement amiable, que ces réserves saisissaient le Tribunal des questions litigieuses par voie d'incident à l'ordre.

Les créanciers, tout en consentant à l'ordre sur les bases indiquées dans la première réunion, ne peuvent-ils pas se réserver le droit, pendant un mois, d'examiner le règlement, de revenir sur leur consentement, s'ils le trouvent précipité, et de requérir l'ouverture de l'ordre judiciaire. Ces réserves nous paraissent parfaitement légales. Elles évitent une seconde réunion et facilitent les consentements.

A l'expiration du mois, le juge-commissaire vérifie le cahier d'ordre. S'il y a des oppositions, il ouvre l'ordre judiciaire ; s'il n'y en pas, il le constate, déclare l'ordre amiable définitif, ordonne en conséquence la délivrance des bordereaux et les radiations.

88. — Le conservateur des hypothèques peut-il N° 90.
exiger avant d'exécuter l'ordonnance de radiation,
un certificat de non-opposition ?

Oui, dans le cas où cette ordonnance peut être
frappée d'opposition, c'est-à-dire dans le cas où l'adjudicataire ou le vendeur ont été absents. Dans ce
cas le conservateur peut exiger qu'on lui justifie de
la dénonciation et du certificat de non-opposition.

89. — Il nous reste à examiner en quelques mots
comment l'opposition se poursuit, soit de la part de
l'adjudicataire ou du saisi absent, soit de la part
des créanciers ayant fait des réserves dans l'ordre.

S'il y a avoué constitué, et cette constitution a pu
se faire devant le juge-commissaire comme elle se
fait devant le juge des référés, l'instance est pour-
suivie par un simple acte d'avoué à avoué. S'il n'y
a pas avoué constitué, l'avoué poursuivant, ou, à
son défaut la partie la plus diligente, met en cause
les parties intéressées (art. 757 C. de proc. civ.),
c'est-à-dire les opposants, le dernier créancier colloqué. (Art. 700, C. de proc. civ.)

L'affaire est instruite et jugée comme matière
sommaire.

OPPOSITION A DIVERSES ORDONNANCES DU JUGE-COMMISSAIRE.

90. — Le juge-commissaire, ainsi que nous l'avons
vu, peut, incidemment à l'ordre, rendre plusieurs

N° 90. ordonnances ; ordonnances d'ouverture, de convocation, de ventilation, d'amende, contre les défaillants.

Ces ordonnances sont-elles susceptibles d'opposition ?

Lorsqu'un créancier prétendra que le juge a outrepassé son droit, il doit avoir un moyen de paralyser l'ordonnance ; ce moyen, c'est l'opposition devant le Tribunal : l'opposition paraît en effet dans ce cas le droit commun.

Ainsi, le juge-commissaire refuse d'ouvrir un ordre, parce qu'il prétend qu'on doit lui déposer les pièces de purge; il ordonne une convocation après le délai d'un mois ; il refuse d'ouvrir l'ordre judiciaire. Dans tous ces cas, l'opposition est recevable.

Mais lorsque le juge, investi d'un pouvoir discrétionnaire, à l'occasion de tel ou tel acte, a usé de ce pouvoir, son ordonnance est inattaquable.

Ainsi les créanciers ne pourraient réclamer ni contre le jour des réunions fixées par le juge-commissaire, ni contre le choix de l'expert en cas de ventilation.

Le juge refuse d'approuver un ordre amiable, les créanciers peuvent-ils appeler au Tribunal de ce refus ?

Cette question est délicate : nous pensons néanmoins que, les créanciers ayant le droit de s'entendre à l'amiable, il serait difficile qu'une volonté arbitraire pût les priver de ce droit. Il ne peut, il ne doit y avoir dans la volonté du juge, qu'un motif légal qui puisse expliquer son refus : il nous

semble régulier de soumettre ce motif à l'apprécia- N° 91.
tion du Tribunal.

91. — L'ordonnance qui prononce l'amende de 25 fr. contre le créancier absent, est-elle susceptible d'opposition?

Il faut distinguer.

Si l'opposition est fondée sur un motif de fait, par exemple, sur l'impossibilité où le créancier a été de se présenter devant le juge-commissaire, l'excuse doit être présentée devant le juge qui a prononcé la peine (art. 265 C. de proc.) (1).

Mais nous pensons que le juge-commissaire pourra accueillir cette excuse. En effet, l'opposition est le droit commun en cette matière : nul n'est tenu à l'impossible. L'excuse agréée, le juge rendra une ordonnance déchargeant le défaillant, et cette ordonnance sera transmise au receveur de l'enregistrement de la même manière que l'ordonnance de condamnation.

Mais si l'opposition se fonde sur un droit : par exemple, sur ce que le juge-commissaire a prononcé l'amende pour défaut de comparution à une seconde réunion à laquelle l'opposant se croyait le droit de ne pas se rendre ; sur ce que le juge serait incompétent pour la tenue de l'ordre, cette opposition serait recevable. Les principes rigoureux entraîneraient peut-être l'appel, parce qu'il y a eu décision,

(1) *Sic*, Aix, 13 mars 1860 ; Sirey, 60. 2. 165.

N° 91. jugement ; mais la jurisprudence, aidée de la loi de 1858, tend à faire de l'opposition un mode de réformation de droit commun pour les ordonnances du juge-commissaire aux ordres.

———

Il nous reste maintenant à apprécier sommairement cette innovation de l'ordre amiable et à indiquer le rôle du juge-commissaire dans cette procédure.

Le législateur n'avait pas *entouré de grandes espérances le berceau de cette réforme.* (Rapport de M. Richer.)

Il faut le reconnaître ; elle avait en effet excité la méfiance des hommes de pratique.... *Res nova....*

Les vieux principes de la procédure recevaient un double échec.—Assignation des parties par la poste. Leur comparution personnelle devant le magistrat.

Nous ne parlons pas de la première innovation. Reconnaissons seulement que la manière dont le service des postes fonctionne, semble donner raison à ceux qui veulent confier aux employés de cette administration la remise des exploits.

La comparution personnelle des parties sans conseil obligé, le rôle actif donné au juge-commissaire, nous avaient paru à nous-même présenter de grands inconvénients. C'était, on pouvait le penser, faciliter par un examen rapide, insuffisant, définitif, les méprises et les erreurs : c'était imposer au juge-commissaire une responsabilité considérable. l'ex-

poser à se voir choisir comme arbitre dans des questions qui trouveraient mieux leur solution devant le
tribunal.

L'expérience a diminué ces préventions.

L'étude préalable que le juge-commissaire doit
faire du titre translatif, des états sur transcription
lui facilite beaucoup l'intelligence des réclamations
des parties et lui révèle les difficultés de l'affaire.
D'ailleurs, les parties sont presque toujours accom-
pagnées de mandataires choisis parmi les officiers
ministériels, et l'examen qui se fait en commun de
toutes les prétentions, de tous les droits, écarte sin-
gulièrement les chances d'erreur. L'ordre, au lieu
d'être le travail solitaire du magistrat privé souvent
de renseignements, devient une œuvre collective
facilitée par les connaissances personnelles relatives à
l'affaire des divers intéressés.

Sous ce point de vue, nous croyons qu'il présente
même plus de garantie que l'ordre judiciaire. Quant
à la responsabilité du magistrat, elle diminue au
milieu de la responsabilité commune.

Le magistrat, il est vrai, ne doit jamais accepter
d'arbitrage proprement dit: sur les questions relativement sans importance qui naissent du débat, il
peut indiquer une solution en laissant les parties
maîtresses de l'admettre ou de la rejeter. Sur les
questions véritablement délicates et d'un intérêt sérieux, il doit s'abstenir de donner son avis et sans
éloigner les parties d'une transaction ou d'un appel
direct au Tribunal, il doit laisser à d'autres l'initia-

tive et la direction. Dans ces limites, l'intervention du magistrat peut être effective et bienfaisante.

En admettant que la comparution personnelle des parties puisse avoir ses inconvénients, elle a aussi ses avantages. On obtient plus de renseignements en quelques minutes par cette comparution, que par une longue correspondance. D'un autre côté, ces mille petites difficultés qu'un mandataire ne voudrait pas prendre sur lui de trancher, peuvent être écartées par les parties présentes sur lesquelles l'intervention du juge, impartiale et modérée, aura toujours une heureuse influence.

Au reste, quelque opinion qu'on puisse avoir sur la comparution personnelle, on ne peut nier la nécessité d'une réforme et les avantages de la loi nouvelle. Quiconque a vu fonctionner l'ancienne procédure, a pu constater l'impuissance du magistrat à triompher de l'indifférence des uns, de la mauvaise volonté des autres, des complications provenant de demandes tardives et de l'ouverture simultanée de plusieurs ordres également interminables. Tout cela disparaît avec la loi nouvelle, ses délais rapprochés, ses déchéances. Sans doute, il peut y avoir des erreurs dans les ordres amiables, mais les anciens ordres en étaient-ils exempts? Si la nouvelle procédure n'offrait pas des garanties suffisantes, la pratique l'eût-elle acceptée comme elle l'a fait. La statistique constate que chaque année l'ordre amiable entre de plus en plus dans les habitudes judiciaires.

En 1858, 761 ordres étaient réglés à l'amiable.

— En 1859, 3286. — En 1860, 3754. — En 1861, 3586 contre 2870 arrêtés par règlement définitif. La proportion ne s'arrêtera pas là.

Disons toute notre pensée. L'ordre judiciaire est maintenant une superfétation, et doit disparaître. Quand les parties n'ont pu s'entendre devant le juge-commissaire après avoir eu un mois pour examiner leurs prétentions réciproques, l'ordre judiciaire qui n'est qu'un nouvel examen avec des voies coûteuses et solennelles, devient inutile. La prolongation facultative du délai d'un mois pour la justification ou le contrôle des demandes faites et le renvoi à l'audience, telle serait, suivant nous, la marche naturelle pour arriver à une solution, en écartant des longueurs et des frais inutiles. Les dires et soutiens contraires seraient consignés dans un dernier procès-verbal ; les parties constitueraient avoué, celles qui n'auraient pas constitué, seraient assignées directement. L'instance serait ainsi liée par l'ordonnance de renvoi, comme elle l'est lorsqu'il n'y a que trois créanciers à l'ordre.

Disons même que cette procédure sera une nécessité, parce que les frais de l'ordre amiable venant à se cumuler avec les frais de l'ordre judiciaire, les ordres qui ne se terminent pas amiablement, sont grevés de frais véritablement considérables.

Sans doute, les procédures lentes et formalistes ont leur utilité, et il faut toujours se rappeler les paroles de Montesquieu : « La multiplicité des for-« malités, leurs lenteurs, les frais qu'elles occasion-

« nent, sont comme le prix que chacun donne pour
« la liberté de sa personne et la sûreté de ses biens. »
Mais lorsque la liberté des personnes et la sûreté des
biens sont déjà garantis par un état social plus per-
fectionné, par le progrès général dans les mœurs,
dans les lois civiles et politiques, par la diffusion
des connaissances juridiques, y a-t-il encore nécessité de payer par la complication et la lenteur des
procédures, cette grosse prime d'assurance de temps
et d'argent?

Pour nous, le fonctionnement facile et régulier de
la nouvelle loi sur les ordres, a été la preuve qu'on
pouvait concilier la rapidité et l'économie avec des
solutions juridiques et la protection due à tous les
intérêts.

Un jour viendra évidemment où le Crédit foncier
sera le grand prêteur de la propriété foncière,
comme d'autres grandes institutions sont les ali-
ments du commerce. La suppression des intermédiaires et des responsabilités individuelles par l'as-
sociation: voilà, en effet, le grand caractère du
développement de la richesse moderne; nous n'en
sommes pas arrivés là pour le crédit hypothécaire,
mais la loi sur les ordres, en simplifiant le méca-
nisme de la liquidation des valeurs immobilières,
est certainement un progrès dont il est impossible
de nier l'évidence et la portée.

EXTRAIT

, DE LA

Circulaire du Ministre de la Justice, du 8 mai 1859, relatif aux Ordres amiables.

———

Le Code de procédure ajournait l'ordre judiciaire pendant un mois pour laisser aux créanciers le temps de s'entendre entre eux ; mais ces tentatives d'arrangement échouaient le plus fréquemment. « Votre commission, disait M. Riché dans son rapport au Corps législatif, a voulu tirer de ce délai un parti plus fécond en créant ce qui manquait, c'est-à-dire le centre commun, l'agent désigné à la conciliation, le rendez-vous obligatoire auprès de cet agent. »

L'ordre amiable, introduit par la loi du 21 mai 1858 (art. 751), est donc une procédure toute nouvelle dans notre législation. Elle réclame des règles particulières.

Elle n'a pas pour objet de remplacer l'ordre fait devant notaire, par suite de l'accord des créanciers avec l'adjudicataire et le saisi, accord qui peut toujours avoir lieu lorsque les parties sont majeures et maîtresses de leurs droits ;

Entre cette convention et l'ordre judiciaire, dans un double but d'économie et de rapidité, le législateur a placé l'ordre amiable, qui n'est autre chose qu'un règlement fait en justice sans les formalités ordinaires. Il doit être tenté, quel que soit le nombre des créanciers inscrits.

Dans le délai de l'art. 751, le juge-commissaire fixe le jour et l'heure de la réunion. L'état des inscriptions déposé par le poursuivant sert de base aux convocations qui sont préparées par le greffier et adressées par lui aux créanciers inscrits, à l'adjudicataire et au saisi.

D'après les dispositions arrêtées de concert entre le département des finances et le mien, les lettres seront conformes au modèle n° 4 ci-joint tant pour le format que pour les énonciations. Elles seront délivrées par le greffier sur papier non timbré, au nom et sous la surveillance du juge-commissaire, et expédiées par la poste sous bande simple, scellée du sceau du tribunal, avec affranchissement.

Le greffier remettra les lettres au guichet du bureau de poste pour les faire charger. Cette remise sera accompagnée d'un bulletin sur papier libre, conforme au modèle n° 5 et énonçant le numéro de l'ordre, le nom du saisi ou du vendeur, le nombre de lettres et la suscription de chacune d'elles.

Toutes ces mentions seront inscrites sur le bulletin par le greffier, afin que le préposé de l'administration des postes n'ait plus à y porter que la date du dépôt des lettres, leur nombre et le montant de l'affranchissement perçu. Le préposé signera le bulletin ainsi rempli et le remettra au greffier. Chaque lettre sera passible, indépendamment de la taxe ordinaire (10 ou 20 c.), du droit fixe de 20 c. pour chargement, comme toute lettre chargée, mais elle est dispensée des formalités de fermeture spéciale qu'entraîne le chargement ordinaire.

Les frais seront avancés par le poursuivant au greffier.

Le bulletin sera représenté au juge, qui le joindra au procès-verbal et pourra ainsi constater la régularité de la convocation et prononcer l'amende contre les créanciers non comparants.

Il ne sera perçu aucun droit d'enregistrement ou de greffe pour l'annexe de ce bulletin au procès-verbal.

Chaque créancier est convoqué non-seulement à son domicile élu, mais encore à son domicile réel, pourvu qu'il soit fixé en France.

Les lettres adressées au domicile élu doivent porter sur la suscription, à la suite du nom du créancier, ces mots : « Ou, en cas d'absence, à M... » (nom et qualité de la personne chez laquelle élection de domicile a été faite).

Celles qui ne parviennent pas au destinataire sont renvoyées au greffier du tribunal dont elles émanent, au lieu d'être remises au bureau des rebuts de l'administration centrale des postes.

Bien que l'art. 751 ne s'explique pas sur la rétribution due aux greffiers pour la préparation des lettres de convocation, je ne vois pas d'inconvénient à ce qu'il leur soit alloué 20 centimes par lettre, par analogie des dispositions de l'ordonnance du 9 octobre 1825, art. 1er, no 17, et du décret du 24 mai 1854.

Vous ne perdrez pas de vue que les lettres de convocation ne doivent parvenir aux destinataires que par la voie de la poste. Afin d'éviter les fraudes auxquelles cette partie du service peut donner lieu , j'ai décidé que le greffier remettrait au poursuivant un état indiquant le numéro de l'ordre, le nom du saisi et celui du vendeur, le nombre des lettres de convocation, les déboursés pour droits de poste et les émoluments perçus.

Le juge, avant de taxer les frais, n'aura, pour s'assurer de la sincérité de cet état, qu'à le comparer avec le bulletin signé par le préposé de l'administration des postes et annexé au procès-verbal.

Les créanciers qui ne satisfont pas à la convocation qu'ils ont reçue sont condamnés à 25 fr. d'amende. Il est dans le vœu du législateur qu'ils comparaissent en personne ; toutefois, il a été entendu qu'ils pouvaient se faire représenter par des fondés de procuration, ou être assistés de conseils ; mais ils ne peuvent, en général, se borner à faire connaître par lettres au juge-commissaire leurs prétentions, ainsi que les concessions qu'ils sont prêts à faire.

Les termes généraux dans lesquels l'art. 751 est conçu comportent cependant, dans l'exécution, certains tempéraments qui rentrent manifestement dans l'esprit de ses dispositions. On peut donc admettre sans difficulté que le créancier qui a reçu son payement, mais dont l'inscription n'a pas été radiée, ou celui qui, ne venant pas en ordre utile, renonce à faire valoir ses droits, ou enfin que la personne convoquée par erreur, évitent les frais d'un déplacement inutile ou d'une procuration, en faisant connaître par écrit au juge-commissaire qu'ils sont étrangers à l'ordre ou qu'ils sont désintéressés.

Mais c'est au créancier à prendre les mesures nécessaires pour que sa déclaration parvienne au juge-commissaire. Sa lettre, d'ailleurs, qui reste annexée au procès-verbal, doit être conçue avec clarté et précision et ne contenir aucune réserve ; enfin, sa signature doit être légalisée par le maire de la commune où il réside.

La loi n'autorise à accorder aucune indemnité de voyage ou autre à ceux qui ont satisfait à la convocation, bien qu'ils n'aient obtenu aucune collocation.

Quant à la personne appelée par erreur, elle a son recours, selon les circonstances, contre le greffier ou contre le conservateur des hypothèques.

Les considérations qui ont déterminé le législateur à tenter l'ordre amiable ne permettent pas de penser que les créanciers soient astreints à recourir au ministère des avoués (1) ; le règlement a lieu sous la médiation du juge, mais il s'accomplit amiablement, c'est-à-dire sans procédure. Le créancier a donc le libre choix de son mandataire,

---

(1) C'est ce que la Cour de Caen vient de décider par un arrêt du 29 mars 1859, S.-V. 1859. 2. 200, et *Journal du Palais*, 1859, p. 593.

et, lorsqu'il se présente en personne, il peut se faire accompagner d'un avocat ou d'un avoué ; mais les honoraires du conseil, comme ceux du mandataire, restent à sa charge, et ne peuvent, en aucun cas, être prélevés sur la somme en distribution.

Le délai pour la tentative de règlement amiable est d'un mois à partir du jour de la réquisition d'ouverture du procès-verbal, lorsqu'il existe un juge spécial, ou de la nomination du juge-commissaire. Si la première réunion est infructueuse, le juge en indique une ou plusieurs autres, sans nouvelles convocations et sans frais.

En l'absence d'un créancier, il apprécie s'il convient de renvoyer l'assemblée à un autre jour ou de la tenir immédiatement, sauf à régulariser ultérieurement le procès-verbal par l'adhésion que le créancier peut fournir dans le mois.

Les créanciers à hypothèques légales qui n'ont pas pris d'inscriptions doivent, s'ils veulent être colloqués, déposer au greffe leurs titres avec acte de produit, et faire mention de ce dépôt sur le procès-verbal d'ordre.

Il en est de même des créanciers chirographaires qui ont intérêt à surveiller la distribution du prix.

La réunion a lieu sous la présidence du juge-commissaire. Après l'appel des personnes convoquées, l'avoué poursuivant expose l'objet de la réunion. Chacun des créanciers justifie de son identité, fait connaître ses prétentions et dépose ses titres à l'appui.

Au surplus, la loi n'a prescrit aucune forme, n'a tracé aucune règle spéciale. Le juge auquel elle confie la direction du débat suit la marche qui lui paraît de nature à concilier tous les intérêts. Ne s'élève-t-il aucune difficulté, il dresse procès-verbal de la distribution du prix, ordonne la délivrance des bordereaux aux créanciers utilement colloqués, et la radiation des inscriptions qui ne viennent pas en ordre utile.

Mais, si des contestations surgissent, il appelle l'examen sur chacune d'elles et cherche à rapprocher les parties ; son expérience, l'autorité de son caractère, lui assurent une influence qui, dans la plupart des cas, rend son intervention efficace et décisive.

Rien ne s'oppose à ce que le règlement amiable ne soit que partiel, car il est dans le vœu de la loi de hâter, par tous les moyens légitimes, le moment où les créanciers recevront leur payement. Lors donc que tous les membres de l'assemblée sont d'accord pour reconnaître la justice des prétentions des créanciers premiers inscrits, et qu'il ne s'élève de difficulté qu'à l'égard des inscriptions postérieures, le juge arrête l'ordre pour les créanciers non contestés, et ordonne à leur profit la délivrance des bordereaux de collocation.

Il a même la faculté, selon les circonstances et quand les contestations ne s'adressent qu'à un nombre limité de créances, de régler l'ordre et de l'arrêter à l'égard des créanciers dont les demandes sont unanimement admises, à la condition toutefois de réserver somme suffisante pour désintéresser, suivant les éventualités du procès, ceux qui ne peuvent être dès à présent colloqués.

Cette manière d'opérer, que l'art. 751 n'interdit pas, a le double avantage de procurer à ceux dont les droits sont établis un remboursement immédiat et sans frais, et de permettre en même temps aux créanciers contestés, lorsque leur nombre n'excède pas trois, de procéder par voie d'attribution de prix, au lieu de recourir aux formalités longues et dispendieuses de l'ordre judiciaire.

Quant aux créances conditionnelles ou indéterminées, elles sont réglées conformément aux principes du droit en cette matière.

Le règlement ne souffre aucune difficulté lorsque le créancier, mineur ou incapable, reçoit son payement intégral ; mais s'il ne doit obtenir qu'un remboursement partiel, ou s'il ne vient pas en ordre utile, le règlement amiable peut-il aboutir ?

Le représentant de l'incapable, qui n'a qualité que pour les actes d'administration, peut-il l'accepter sans recourir aux formalités prescrites pour les transactions? C'est une question que la jurisprudence aura à résoudre. Constatons seulement que la commission du Corps législatif a paru considérer le consentement au règlement amiable, beaucoup moins comme une transaction que comme un acte d'administration; en se bornant à reconnaître l'exactitude d'un fait dont le magistrat seul est appelé à tirer les conséquences, le tuteur n'abandonne ni ne comprend les intérêts dont la gestion lui est confiée.

Le juge, dans l'ordre amiable organisé par l'article 751, n'est pas seulement chargé de constater l'accord des parties et de donner l'authenticité à leurs conventions. Bien qu'investi d'une mission de conciliation, il n'en conserve pas moins son caractère propre. Les créanciers sont convoqués devant lui pour se régler amiablement entre eux, c'est-à-dire pour établir ou contester contradictoirement et sans formalités de procédure la réalité de leurs droits et le rang qui appartient à chacun d'eux.

Mais c'est le juge seul qui procède à l'ordre, et il ne donne sa sanction à l'arrangement des créanciers qu'autant qu'il le trouve conforme aux règles de la justice.

Le procès-verbal qu'il rédige, le greffier tenant la plume, relate l'exposé des faits présentés par l'avoué poursuivant sous sa responsabilité, la convocation des créanciers, l'annexe du bulletin de chargement, la comparution des parties, l'accord des créanciers, et, suivant les circonstances, renvoie les parties à l'audience, ou contient la distribution totale ou partielle du prix.

Il est signé par le juge et par le greffier, car c'est un acte du juge, et ne diffère point du règlement qui met fin à l'ordre judiciaire. Le conservateur des hypothèques est tenu d'exécuter l'ordonnance qui le termine.

A défaut d'ordre amiable, le procès-verbal n'est clos qu'à l'expiration du mois.

Il constate les incidents qui se sont produits et qui ont empêché la conciliation, et ce n'est qu'à ce moment que le juge prononce l'amende contre les non comparants. Il agit, d'ailleurs, sans nouvelle réquisition du poursuivant, déclare l'ordre ouvert, et commet un ou plusieurs huissiers à l'effet de sommer les créanciers de produire. Pour empêcher le retour d'anciens abus, l'art. 752 déclare expressément que cette partie du procès-verbal ne pourra être expédiée ni signifiée.

SOMMAIRE.

QUELLES PERSONNES DOIVENT CONSENTIR L'ORDRE AMIABLE.

QUE DOIT CONSTATER LE PROCÈS-VERBAL D'ORDRE AMIABLE.

DÈS CAUSES QUI PARALYSENT L'ORDRE AMIABLE.

CAEN. — IMP. GOUSSIAUME DE LAPORTE.

CAEN. — TYP. GOUSSIAUME DE LAPORTE.